THE A B C OF
STOCK SPECULATION

股市投机原理

（专业解读版）

[美] 萨缪尔·A.尼尔森（Samuel A. Nelson）著

朱玥 译

张艺博 点评

人民邮电出版社

北　京

图书在版编目（CIP）数据

股市投机原理：专业解读版 /（美）尼尔森
(Nelson, S. A.) 著；朱玥译. -- 北京：人民邮电出版
社，2015.1
ISBN 978-7-115-37768-5

Ⅰ. ①股… Ⅱ. ①尼… ②朱… Ⅲ. ①股票投资－研
究 Ⅳ. ①F830.91

中国版本图书馆CIP数据核字(2014)第278040号

内 容 提 要

本书是"道氏理论"首次提出者和研究者萨缪尔·A.尼尔森所著的一本经典股票交易操作指南。全书从投机交易的方法、如何解读市场、如何止损、异地交易以及大众心理等角度，结合华尔街的真实故事与经历，总结出技术分析派的投资者应该具备的所有知识与技能，对当今国内股市的投资者具有很好的借鉴意义。此外，本书特别邀请了《证券市场红周刊》的资深专栏作家做注点评，使读者可以穿越百年时空，更好地领悟书中的要点，并将其应用于当今国内 A 股市场。

本书适合初入股市、希望了解股市运行基本规律以及所有对技术分析交易感兴趣的读者阅读。

◆ 　著　 ［美］萨缪尔·A.尼尔森（Samuel A. Nelson）
　　　译　 朱 玥
　　责任编辑　陈斯雯
　　执行编辑　付微微
　　责任印制　焦志炜

◆ 人民邮电出版社出版发行　　北京市丰台区成寿寺路 11 号
　　邮编 100164　　电子邮件 315@ptpress.com.cn
　　网址 https://www.ptpress.com.cn
　　涿州市般润文化传播有限公司印刷

◆ 开本：700×1000　　1/16
　　印张：13　　　　　　　　　　　　　　2015 年 1 月第 1 版
　　字数：150 千字　　　　　　　　　　2025 年 10 月河北第 30 次印刷

定　价：29.00 元
读者服务热线：(010)81055656　印装质量热线：(010)81055316
反盗版热线：(010)81055315

中文版序

专门写一本关于股票投机技巧的书，并不是一件容易的事，而要想讲清楚、讲透彻，更是难上加难。因为，投机交易并不像其他学问那样，只要你按照书中所讲的去做，就能够达成目标。虽然很多投机者读了无数专业书籍，但鲜有人能达成财富自由的境界。

而萨谬尔·A. 尼尔森的这本《股市投机原理（专业解读版）》能够在诸多类似书籍中脱颖而出，主要原因在于其简单而深刻地揭示了投机交易的原理和本质。书中所列的投机方法条理清晰——从理论到实践再到最终结果，可以帮助读者根据自身的实际情况科学地选择投机交易方式。

在19世纪，在那个诸多交易理论如灿烂天河中耀眼恒星一般闪耀的岁月里，能将投机这一艰难繁杂的技能涉猎得如此广泛和深刻，同时还能让今天的读者读起来仍如发生在自己身边的事情一样真切，萨谬尔·A. 尼尔森绝对不简单。

这其实说明两个问题：一是关于投机的人性数百年来没有变化；二是只要市场是人类在参与，那么过去发生的事现在还会重现。正如集合论是整个"数学大厦"的基石一样，这两大前提显然也是投机行为科学的既定公理和研究基石，如果它们不存在，那么整个投机的"科学大厦"也将倾覆。

要知道，投机者们作为一个"赌博"群体，在 19 世纪并不受礼遇。而如今人们显然对投机这种行为显得更加宽容和容易接纳，不然像索罗斯这样的投机大鳄就不可能声名远播。所以，萨谬尔·A. 尼尔森能在当时将本书写出来，向读者揭露诸多投机行为的方式和方法，本身就是一个将投机科学普及的普罗米修斯般的人物。虽然他归根结底仍倾向于价值投资，但是整本书仍能体现出他作为投机科学的盗火者所做出的不懈努力。

历来投资和投机之争就是证券市场的一大问题。价值投资者们就好比正装出席晚宴的宾客，大家穿着基本一致，形式单调统一 ——即依据股票的潜在价值进行交易，但交易者必须具备丰富的财务知识；而投机者们就好比正在享用形形色色的丰盛小吃的食客，虽然不在正式的餐桌上出现，却同样享受美食——即交易者不需要对发行机构有所了解便可参与交易。

回顾 19 世纪，由于当时的投机技术分析手段并不先进，因此萨谬尔·A. 尼尔森更多地是关注投机交易的方式、股市上流传的消息、主力机构的情况、参与交易的人以及交易者对消息的反应和交易时的心态。而这一点也正是如今投机者们热衷讨论的关键问题，即股市交易者的心理活动。曾有人试图量化不同时期交易者的心理活动，并从中找出适宜的交易规律，然而最终却发现人的心理活动实在是太过复杂，穷极研究也不能窥得其一。如今关于投机的交易准则，大都依据 K 线进行技术分析，并据此量化各种走势所能达成的终极价位。这一原理也正是萨谬尔·A. 尼尔森这本《股市投机原理（专业解读版）》的理论基石。

发展到 21 世纪，此种投机交易方法进化到运用特殊的数学方法，并付诸于计算机高速运算和交易机器人的自动下单交易系统，更是令当今的市场衍生出另一种新的"投机者"——计算机。它们比人更加冷静客观，不容易犯错。然而，未来的投机交易会进化或发展到何种程度，至今仍无人能预测。

读者在阅读本书时，不要因它年代久远而心生嫌隙，而应站在今天的角度去看 19 世纪交易者的普遍生存状态，并拿它与当今的交易者（尤其是投机者）来做对比，你一定会发现一些亘古不变的投机交易真理。只要你将这些投机原理运用于自身的交易实践，并反复锤炼，总有一天会在证券市场崭露头角，并获得丰厚的利润。

张艺博

2014 年 10 月 1 日于郑州

英文版致谢

多年以来，大家都希望能看到一本详细阐述股市投机操作原理的书籍。毫无疑问，查尔斯·道先生才是最适合写这本书的人，在其长达四分之一个世纪的华尔街生涯中，道先生逐步发展完善了他的股票投机理论。很可惜，道先生拒绝了我们的热情邀请，不过读者可在本书的第一章至第六章读到这部分内容。

在此之前，股票投机理论领域可谓一片空白，甚至充满误导，因此我们把这本书推荐给大家，任何对股票投机感兴趣的人都应该读一读。

另外，本书的出版还非常感谢《华尔街日报》(the Wall Street Journal)、《晚邮报》(the Evening Post)和道琼斯通讯社，以及亚历山大·达纳·诺伊斯(Alexander Dana Noyes)先生、丹尼尔·凯洛格(Daniel Kellogg)先生和E. W.哈登(E. W. Harden)先生等诸位经纪人和投机者。诚然，这世上并不存在百分百成功的投机法则，没有谁能完全解释投机获利的机制，也没有万无一失的理论。成功投机离不开丰富的经验和细心的观察。我们相信，普通的投机者们只要仔细研读本书内容，一定会从中获益。

1

目　录

所有商业行为或多或少都会带点投机的成分，但投机这一术语通常仅用在那些不太稳定的交易上。一些缺乏经验的人往往认为投机仅凭运气、毫无规则可言，那可大错特错了。

从投机行为诞生起，人们就知道应该"低买高卖"，关键是股票什么时候便宜，什么时候贵呢？罗斯柴尔德家族有一条行事法则：他人甩货是你买入的最好时机，一旦大家都开始追捧，那就该撤出离场了。

在牛市中做多、熊市中做空往往不会出错。只要一段时间内几只股票最高点的平均值都超过了前段时间的水平，基本就可以判断市场处于牛市。同理，如果几个最低点平均值都低于之前的水平，则为熊市。

第四章　如何止损 / 35

"止损需尽快，收利且暂缓"这句名言被诸多股市投资者认同，多位投资大师都提出过类似的说法，并愿意为其冠上自己的名字。尽管止损并不能直接给人带来巨大的财富，但人们仍然十分相信这个道理。

第五章　异地交易、空头操作以及亏损究责 / 51

交易者一定要学会区分熊市的两个明显阶段：群跌期和分化期。群跌期做空操作获利迅速且利润可观，而进入分化期做空的盈利能力就会显著下降。最终，还是应该以个股的实际价值来判断价格的高低。

第六章　投机交易的四大影响因素 / 67

一旦进入交易，就是一种永无休止的修行，这条路上，无数的人掉队或者偏离了交易的正确方向，能坚持下来的实属凤毛麟角，而那些跑偏和掉队的人，绝大多数都注定是平庸的交易者。

第七章　投机交易中的机构与个人 / 87

交易者一定要认认真真地做好研究，股市没有救世主，如果仍寄希望于他人，那么你就不适合在股市中生存，不论输赢，整理好自己的本金，离开吧！

第八章　投机者的自白 / 113

投机者永远不要过度交易。想用少量资本获得超过正常比例的回报，必将招致灾难。在过度交易的情况下，市场的任何风吹草动都会让投机者惊慌失措，失去正确的判断力。

第九章　不同市场阶段的投机交易 / 139

至于判定什么时候是繁荣的终结，股市上有很多不同的描述，但有一点是可以肯定的，疯狂上涨之后必定伴随着暴跌。当周边不谈论股票的人都开始谈论股票，许多人纷纷辞职专门炒股，而与此同时市场的大幅震荡却在加剧，利好消息频传……此时就是你该离场的时候。

第十章　打新股交易　/　149

很多投资者没有耐心去申购新股，他们往往被二级市场的暴利所吸引，并最终在零和游戏中铩羽而归。其实，投资产品的选择和交易者本身的年龄以及修养有莫大的关系，沉静而内敛的交易者通常会选择打新股和价值投资。

第十一章　感受市场的变化　/　155

投机者要时刻谨记，信心的丧失和其获得一样迅速。市场实际价值的减少会让大家丧失信心，而信心的缺乏又会抑制市场交易。所以说，信心是商业的基础，投机的基础，也是价值存在的基础。

附录一　华尔街的伟大博弈　/　173

附录二　华尔街语录　/　187

第一章

股票经纪人、股票交易所和股票投机

所有商业行为或多或少都会带点投机的成分，但投机这一术语通常仅用在那些不太稳定的交易上。一些缺乏经验的人往往认为投机仅凭运气、毫无规则可言，那可大错特错了。

股票经纪人

关于"经纪人"（broker）一词的起源，词源学家们各有各的看法。《雅各布法律词典》（*Jacob's Law Dictionary*）中指出，经纪人一词的起源有多种版本：有人认为它由撒克逊语 *broc*（意为"不幸"）衍生而来，以此形容破产的商人，"broker"一词也仅能用在那些倒霉的人身上；也有人认为"broker"一词来自法语 *broieur*（意为"粉碎机"），而经纪人就是将一笔交易拆分成多笔交易的人。

但在拉丁语中，经纪人一词为 *obrocator*——似乎明确了撒克逊语 *abroecan*（分离、拆散等）为其真正起源。作为 *abbrochment/abroachment*（意为"垄断市场"）的词根，*abroecan* 的意思是"拆分货物、零售"。经纪人最早也该含有零售商之意，我们也的确发现，古语的 *auctionarius* [《Barril 法学词典》（*Barrill's Law Dictionary*）] 同时包含了这两种意思。

沃顿（Wharton）认为"broker"派生于法语的 *broceur* 或拉丁语的 *tritor*，意为"把东西分成小块的人"[《沃顿法学词典》（*Whar. Law Dictionary*）]。韦伯斯特（Webster）则认为"broker"一词来自古英语的 *brocour*、诺曼语的 *broggour* 和法语的 *brocanteur*，意为"经营旧货的人"。伍斯特（Worcester）则认为它有三个来源：盎格鲁—撒克逊语的 *brucan*，意为"清仓"；*brocian*，意为"压迫"；法语的 *broyer*，意为"磨碎"。

"broker"一词最早出现在文学作品里，则是在《农夫皮尔斯》（*Pier's Ploughman*）一诗中："我居住在伦敦，那里的经纪人（brocour）最爱背后中伤人。"这里经纪人的意思很清楚，即"挑毛病的人"；而普罗旺斯语中的 *brac* 则含有"拒绝"之意。"broker"最初的意思是货物检查员，挑出不符合标准的商品的人。而克莱布（Crabb）在其著作《分类统计》（*Dig of Statistic*）中提到"broker"一词："罗马帝国的公务员们通常把银行家、货币兑换商、经纪人、代理人和公证人的职责用 *proxe netae* 一词概括。"

早在 1285 年，"broker"一词就已经出现在英国的一项国会法案中。该法案规定："要想在伦敦成为一名经纪人，必须获得市长或参议员的许可。"

作为股票交易法界的权威，约翰·帕索斯（John Passos）告诉我们，在詹姆斯一世（James I）统治时期（1604 年）曾通过一项法令，对"broker"一词进行了更加详细的规定。这部法令清晰地显示，该时期货币、股票和基金交易并不存在法律意义上的经纪人。直到 17 世纪后期，东印度公司已广为人知，股票交易与投机在英国才得以真正成为一个行业；"broker"一词也很快被用来称呼那些受人雇用进行股票买卖的人，也就是后来的"股票经纪人"。

由于经纪人和券商在出售各种票据、银行股以及股份制公司的股权时总存在一些"不正当手段和意图"，1697年，有关部门通过了一项法案，严格规定只允许被任命并宣誓过的人履行经纪人的职责。威廉三世（William III）时期也通过了旨在规范经纪人交易的多项法令。

一位早期法学家在对股票经纪人的描述中提到，经纪人是指受雇于基金或证券公司的持有人，以赚钱为目的对其基金和证券资产进行买卖的人。再往后，由于长期国债大量发行，经纪人日益成为一个十分庞大的群体。银行附近被批准设立一处场所，专门用于经纪人之间以及和其委托人的交易活动，为了避免混乱，在进入银行、南海公司和东印度公司的过户办事处之前，经纪人们要先在这里理清头绪。在股票交易时间内，办事处往往人满为患，如果不提前做好准备，根本无法在限定的时间内完成所有交易。

商人们几个世纪前就意识到了采用中介的好处。一位16世纪的作家曾写道："在你想买的与你想卖的价格之间永远有几百个不同的标价。正因如此，所有国家通过经纪人的名誉售出的商品都要比普通商人多得多。靠他们可以双倍获利，否则可能亏损。另外，这种方式还能最大程度地减少一些临时性或口头协议中出现的意见不合，因为一个宣过誓的经纪人的证词和他的账本就足够可信了。"

股票交易是股票经纪人的主要业务，但股票的历史目前只能追溯到

17 世纪中叶。古代法律中并没有关于这种资产的相关规定。当罗马开始出现商业公司时，历史书中并没有记载它们的经营模式和特征。

《Ang.&Ames 企业谈》（*Ang. & Ames on Corporations*）第 10 版有这样的描述："尽管公元前 493 年的罗马已经出现商人管理委员会，但现代的'交易所'一词却直到 15 世纪才出现，起源于拉丁语 *bursa*（意为'囊'，一种皮包）。法国的布尔日和荷兰的阿姆斯特丹现在还在为谁是世界上第一个股票交易所诞生地而争论不休。"

约翰·帕索斯说："罗马法律要求至少三个人才能组建公司。鉴于每个企业都至少有三名成员，很自然地，公司会给予每个成员一定数量的股票或其他实质性的契据，以显示其在公司资本或财产中所占的比例。但公司究竟是否发行了股票？如果发行了，这种股票是否可以作为一项资产来销售或流通？股票持有人是否有权在其临终前将股票转给他人？而具有行会性质的公司是否可以向个人授权？这些问题都没有答案。尽管罗马法律中有大量关于商业问题的阐述，但关于上述这些情况却只字未提。"

股票是钱吗？ 1770 年，英国的曼斯菲尔德男爵（Lord Mansfield）在关于这个问题的一场争论中反对道："股票不过是近几年才刚刚出现的一种新的财产凭证，算不上是货币。"

股票交易所

股票交易所的职能直到近代才形成。1670 年的经纪人和交易商们通常在伦敦的科恩希尔及其附近的交易所进行交易；到了 1698 年，伦敦的股票经纪人终于在交易所获得了一席之地，专供其进行交易。

18 世纪早期，费城诞生了美国的第一个股票交易所，当地的股票经纪人管理委员会正式编写并通过了交易所章程。

1817 年，纽约证券交易所在费城股票交易所的基础上成立。奇怪的是，该交易所的文件上注明的日期却是 1792 年 5 月 17 日，还附有许多经纪人的共同宣誓与各自的签名。他们共同宣誓的内容是："从事公众公司股票交易的经纪人一致同意，交易佣金不低于千分之二点五。"

麦德博里（Medberry）在其《华尔街之谜》（*Mysteries of Wall Street*）一书中这样描述美国早期的股票投机："乔治·华盛顿（George Washington）任总统期间，美元比废纸值不了几个钱。1792 年 5 月 17 日，约 20 个股票经销商聚在他们的办公室，签名支持成立一个行业保护性联合会。当年，所有这些原始的经纪人的业务量总和，都抵不上今天（1870 年）华尔街一流交易所中最差的经纪人单独的业务量。美国第一次独立战争时期全美货币严重超发，一些人在纸币的波动中看到了获利空间。某家经纪公司就是在这次货币投机中赚到了最初的资本，并在随后的几年间发展成为最有实力的经纪公司之一。"

股票投机交易

股票投机的真正动力来自于 1812 年的美国第二次独立战争。当时美国政府一下子发行了 1600 万美元的中长期国债，债务总数高达 1.09 亿美元。市场持续震荡，资本家们要么赚得盆满钵满，要么亏得一塌糊涂。银行股也是当时的投资热点。例如，当时的经纪人是这样牟利的：1814 年，美国的 6 分利公债，面值 50 美元的是硬币的形式，面值 70 美元的则为纽约银行发行的通用货币。

1816 年的美国有 200 多家银行，总资产超过 8200 万美元。1817 年的一天，纽约的股票经销商们聚集一堂，投票选举出一个代表去调查竞争对手——费城的股票经销商所采用的交易系统。这是一次成功的调查，以费城交易所制度为基础而起草的章程最终获得了多数人认可，纽约证券交易所得以成立。三年后，也就是在 1820 年 2 月 21 日，这一章程被彻底修订，纽约证券交易所也因几个大资本家的加入而实力大增，因此很多人认为，纽约证券交易所的真正历史也许是从这一年才开始。

在欧洲，一提到股票投机，大家就会想到一些显著的历史标记，包括"郁金香热"、南海泡沫、约翰·劳（John Law）先生曾给法国带来的严重通货膨胀，以及后来卡菲尔股市的疯狂投机。

在美国，约半个多世纪的时间，铁路交通业一直是股票投机的基础，这一行业的兴起、建设、衰落和重组始终左右着股票投机的风向。

过去十年间，"工业化"的倾向推动了投机发展，并激励工业企业向公众分散股权。企业纷纷参与其中，和铁路行业一样，工业也有它们自己的周期，也要经历一系列的兴起、建设、衰退和重组，人们并不难决断出什么阶段才是投机的好时机。

多年以来，股票投机已经成为全民运动，其重要性也与日俱增。

在 1896—1902 年，由于工业企业间频繁地兼并与收购，所有权不停变更，令这些企业的股票投资和投机被空前关注。之前，这些企业的所有权往往掌握在少数人手中，现在则变得极为分散。过去由 10 个人所有的企业，现在则被 100 人、1000 人甚至更多的人通过持股的方式控制着。

早些年个人名下的矿山和工厂现在都变成了合资公司，公众可以在股票交易所找到它们的股票并对其进行投资或投机。美国钢铁公司曾有超过 40 000 名股东；美国制糖厂则有超过 11 000 名股东；其他公司，尤其是以铁路公司为代表，其股票更是被公众广泛持有。这一时期，主要是铁路行业的复苏在牵引着全美投机行为盛行，铁路股总是投机商们的最爱。不过，公众之所以这么热衷于铁路股票的交易，根本原因还在于美国经济的整体繁荣和全民财富的大量积累。今天，纽约证券交易所中股票投机者们的胃口已不仅限于纽约，他们所买卖的股票已扩展到更广的地域，西到加利福尼亚，南到得克萨斯，北到加拿大，东到英国的伦敦、法国的巴黎和德国的柏林。

纽约证券交易所的创立者根本无法想象今天的电报、电话和海底电缆是怎样迅速传递股市行情的，即使对那些在过去 25 年间曾在股市中呼风唤雨的大庄家而言，当今股票投机的速度和方式都堪称奇迹。为了让华尔街的股票交易系统正常运转，每年要花掉数百万甚至上千万美元。据估计，华尔街 300 家主流券商每年这一块的开销大约在 1500 万美元左右。无论是从商业角度还是从经济发展趋势来看，种种迹象表明，在美国经济中，股票投机的地位将日益显著。

1901 年，股票交易所有几天的总交易量超过了 300 万股，密集的交易频率险些压垮整个交易系统。没人知道当时的交易记录日后是否会被打破，但有一点可以肯定：不久之后，关注股市日常变动的人将不再局限于那些天天守在交易所附近忙于操作的专业投资者，因为现在很多的投资者和投机客们已经深深地为股市日价波动着迷了。

股票投机和赌博

投机与赌博有区别吗？这两个词经常可以互相替代，但投机之前往往需要动动脑筋，赌博则更像随便碰运气。这二者很难被精确地区分开，就像风趣和幽默都有各自的定义。尽管两个概念间存在微妙的差别，但大多数情况下可以互换。投机虽然也含有一定的运气成分，但它是基于推测的冒险，赌博则是没有经过深思熟虑的。

法律也对这两种行为做了区分：肯定投机，谴责赌博。所有商业行为或多或少都会带点投机的成分，但投机这一术语往往仅用在那些不太稳定的交易上。一些缺乏经验的人往往认为投机仅凭运气、毫无规则可言，那可大错特错了。

那么，经纪人的身份到底是交易者还是操纵者、是投机者还是赌徒呢？又或者这四种身份并无区别，都是在赌博吗？一位资深投机者幽默地自白："我可不是赌徒——经纪人才是赌徒呢！我只是无辜的新手，真的，就是不小心染上了'赌几把'的坏毛病。怎能因为我进了趟'赌场'，随便下了几注，就被人叫作赌徒呢？最多只是个业余爱好者，偶尔玩玩而已。那些无法自拔的人，还有经营赌场的人，他们才是赌徒。在股票市场，经纪人就像在赌场里发牌的人。当然，他们背后还有市场操纵者和股市本身，只要不是投机商行是不会亏自己的钱的，此时他们只是'赌场'的管理员。如果一个人只靠股票投机赚钱而没有其他收入来源，那么说他是赌徒也不算冤枉了。"

尽管投机和赌博在很多场合可以相互替代，但二者之间还是存在明显的区别。投机者未必是赌徒，但所有股市中赌运气的人都是在投机。当股票投机变成赌博时，往往需要通过保证金来进行交易。下面通过三个案例来说明。

案例一：A 来到经纪人的办公室，问："你觉得市场行情怎么样？"经纪人回答："我们听说圣保罗股开盘会涨几个点。"A 高兴地说："太好了，帮我买 100 股，涨幅超过 2% 就卖出，亏 1% 就止损。"这显然是在下注，买者也知道自己在赌。

案例二：B 找经纪人问了同样的问题，面对同样的答复，他说："很好，帮我买 100 股，把凭证送到我办公室，我给你开支票。"B 直接买入股票，无须动用保证金，他肯定不会觉得自己是在赌博。

案例三：C 是券商，也是交易所的成员。他认为所有的券商都是赌徒。他会说："我的账户里从来不留任何买空卖空的股票。我总是及时抓住市场上最微小的波动小赚一笔（能多赚些当然更好），或者把损失降到最低。尽管我对市场的变化十分敏感，但也很难明确判断现在是处于牛市还是熊市。"

所有投机商号都是在赌博（他们利用客户的钱买空卖空），投资者不是赌徒，至于经纪人和市场操纵者是否是赌徒则视具体情况而定。上述的"案例二"显然存在争议，B 认为比起自己，那些购买收益为 10% 的房地产股权的投资者，或者囤积居奇的商人才更像在赌博。

尽管股票投机者有赌徒的潜质，但这并不影响投机的重要性。相反，抱有赌博心态的人反而是少数。投机行为有时免不了带有赌博的性质，但股票市场已经与商品和货币市场紧密相连，把投机当成一种非商业行为无疑是愚蠢的。

我们有必要像对艺术和科学等其他行业那样辩证地评价股票投机。在美国，一些神职人员和媒体大肆抨击股票投机，并把华尔街和证券交易所视为腐败的温床。其实，任何一个懂点财经知识的人都不会怀疑证券交易所和投机的重要性。证券交易价格可以像温度计一样准确地衡量经济的冷暖。股市是世界上最为高度组织化的精准市场。它为公众提供大量有价证券，这些有价证券既可以在任何银行抵押，也能够于交易日随时变现。股市为货币市场提供了弹性，为应对突发的流动性需求提供保证，还能作为交易媒介极大地减少国际业务中黄金的使用。它还是当下信贷体系中最重要的一环。如果没有股票市场和可转让有价证券，想想看，欧洲很可能会要求美国用黄金来支付其进口的货物，而这将直接影响工业发展的进程。股票市场不但提高了资本效率，还是银行不可或缺的信用工具，更是商人和金融家们的驱动力。

华尔街的道德

1902 年，一家知名报刊曾以社论的形式评价华尔街的道德，指出其在某些方面异于普通道德准则。此处我们讨论的道德一词，主要是华尔街和其他地方通用的基本法规和道德准则，它们与商场上的其他准则并无本质区别。

商业活动无一例外，都以赚钱为目的，华尔街也一样。如果硬要说某个商业中心的道德规范与其他地方不同，那么也只是某一具体条目的细微差别。而华尔街的优越之处也正体现在这些细节中。正如本章前面提到的，华尔街的机制建立在严格遵守合同和口头协议的基础上。这种坚持的必要性体现在交易的顺利进行中，违约事件极少发生，华尔街也始终遵循这一高标准的道德规范。

华尔街的道德规范总被当作负面教材，公众经常将其与其他商业中心的道德准则进行比较。之所以引起这么多质疑，很大一部分原因来自华尔街的"赤裸"，这里充斥着原始的激情、贪婪的本能和自我保护，其他地方则把这一切掩盖起来。任何一个地方的证券交易所都可以被看作是角斗士相互厮杀的竞技场，每个进来的人都要意识到这是一场真枪实弹的战斗，失败带来的惩罚是十分可怕的。"战争就是战争"，这句老话很生动地刻画了华尔街的商业环境。在别处也许不是这样，但华尔街没有伪装。不过，斗争的本质在哪里都一样，华尔街也有过欺诈（很遗憾现在依然如此），但这并非华尔街的内在缺陷，也不能代表股市的本质。

投机基本上可以说是商业活动的一部分,在华尔街,投机就是这么一件赤裸裸的事,无需任何伪装。投机的本质并不因其地点而有所改变,只不过有些会被遮掩起来,有些则不会。我们可能会发现,那些不用企业费心掩盖的投机活动反而更加可信。很多人的想法都类似于赌徒,或多或少怀有一夜暴富的憧憬,因此对人类贪婪的本性而言,不劳而获的机会简直就是无法抵抗的诱惑。

公众对于华尔街的敌意和怀疑也许源自华尔街对金钱过于直接的追逐。华尔街的交易是如此正大光明,它甚至丝毫不掩盖这种人类与生俱来的欲望。不得不说,华尔街始终在自己公开、简单、严格的规则下行事并且不畏人言。现在,各种形式的商业活动很大程度上都包含了投机因素,公开的投机行为也并不意味着不道德。

华尔街不需要会撒谎的人,失信者在这里没法生存;相反,诚实才是华尔街惟一的生存法则,这是不可否认的。诚实能减少麻烦,从长期看这也是惟一可取的策略。由此看来,华尔街的道德其实没什么可被挑剔的。

专家解读

大投机家安德烈·科斯托拉尼(Andre Kostolany)曾在其著作《大投机家》(*Large Speculators*)中写道:"为什么金钱要对所有由它而引起的肮脏负责?"现在我们也要这样问,为什么股票经纪人和华尔街要为由他们所引起的赌博和道德问题负责？正如本文中所写的那样，我们都是无辜的新手，一不留神染上了这个毛病。然而回顾我们现在所处的时代，辛辛苦苦赚钱以便能在资本市场上驰骋，以期达到财务自由之境界——虽然到目前为止人们对何谓财务自由尚无定论，但是投资股票、期货或者债券市场无疑是"借鸡生蛋"，且最为省力的赚钱之道。要知道，真正的投资者需要在市场中花费的时间和精力，远比自己经营一家实实在在的企业多得多，但这无疑是介入门槛最低，交易最方便，最能利用零星时间赚钱的一种投资方式。当然，这也是一种最快的赔钱方式。

对于没有能力自己经营企业、只能给别人打工的绝大多数人来说，资本市场无疑是最为便捷地获取财富——同时也是亏损财富之路。我们应该感谢资本市场的从业人员为大众投资建立了这样一个场所，提供各种方便交易的渠道。如今，我们站在街角，打开手机就可以随时随地查看自己所购买的股票的行情，并做出买卖决策。试问，还有比这更方便的近距离触及金钱之路吗？投资者不应该指责资本市场的从业人员，如果亏了钱，最应该指责的是自己。在股市，一切交易行为都是自愿的，愿赌，就一定要服输。如果交易者连这一点担当都没有，那么请不要进入股市，否则必定会伤痕累累地退出。能够在股市中存活并胜出的，一定是那些最认真，肯担当，投入大量时间的人。

很多人都质疑华尔街的道德标准，对此我个人认为，在华尔街人人平等，每个人都有赚钱的权力，都要遵循公开、简单、严格的规则。难道仅仅因为个别内部人士知道一些内幕消息，就认为整个市场是无序、黑暗和没有道德的吗？难道只有自己赚了钱的市场才是有道德的市场吗？真实而诚信，不光是对别人，更重要的是对自己。华尔街需要道德，交易者更需要！

第二章

投机交易的方法

从投机行为诞生起，人们就知道应该"低买高卖"，关键是股票什么时候便宜，什么时候贵呢？罗斯柴尔德家族有一条行事法则：他人甩货是你买入的最好时机，一旦大家都开始追捧，那就该撤出离场了。

科学的投机交易

究竟有没有科学的投机方法呢？对此众说纷纭，不过大多数人倾向于肯定。但你会发现，这些所谓的"科学投机"往往有太多附加条件，以至于没什么实用价值。相比之下，那些实操者凭经验总结出来的一般规律更值得学习。

从投机行为诞生起，人们就知道应该"低买高卖"，关键是股票什么时候便宜，什么时候贵呢？

据说，罗斯柴尔德家族（Rothschilds）有一条行事法则：他人甩货是你买入的最好时机，一旦大家都开始追捧，那就该撤出离场了。这句话充满了智慧。大多数人往往会在不该买的时候买入，或者在不该卖的时候卖出，因为总有一些人在左右市场，令大众的反应慢半拍，庄家想出货时很多人跑来接盘，想吸货时也总有人应景地抛出。

鉴于这种情况，有些交易商专门和客户反向操作。当交易所的人告诉他们"客户都在看涨"时，交易商会卖出股票；而在所有人看空行情时，他们反而会买入。当然，他们也有看错的时候，不然这些投机商行的家伙们全都发大财了。例如，当市场真的经历大涨，公众买入就能赚钱，尽管以往这么做常常会亏损。此时投机商行没法继续反向操作，为了避免赔本，他们只能收手。

这些都印证了罗斯柴尔德家族的那条法则：收购公众普遍打算出售的有价证券，然后在公众都想买入的时候卖掉他们。

美国历史上颇受争议的投机者丹尼尔·德鲁（Daniel Drew）有句名言："止损需尽快，收利且暂缓。"话虽如此，但德鲁在他的晚年却没有践行这一法则，否则他的境况会好很多。这一法则无疑是投机真理之一，它意味着"如果你的某只股票上涨了，最好等等再卖；但如果下跌了，应赶紧止损，购买它一开始就是个错误"。

作为一个整体，公众的行为却恰恰与之相反。大多数股民会为两三个点的收益马上卖掉股票；但当股票下跌两三个点时，他们往往幻想股价会回升，直到亏损慢慢从 2% 升到 10% 时才会放弃，在底部抛掉股票，能回收多少算多少。

有多少股民会在盘点账户时发现，自己多次小幅上涨的收获居然被一次亏损抹平了。当你回顾自己的交易记录，一旦发现获利越来越大，损失越来越小时，你才真正学会了交易。

执行"尽早止损"这一策略有个麻烦：有些人经常会为承受一两个点的损失而备受打击，如果交易者反复看到被自己 2% 止损的股票不再继续下跌，那么很有可能会放弃"尽早止损"这一做法，等待转机。然而，这一转机可能永远都不会来。

杰伊·古尔德（Jay Gould）是美国近代资本市场的一位大鳄。他的策略是："努力预测股票的未来行情，谨慎从事，然后耐心等待。"这一策略听起来很有道理，但结果要看运气。投资者若真有预测未来的能力当然最好，但尝试这么做的人往往会发现自己遗漏了某些重要因素，导致预测毫无意义，就算你再勇敢、再有耐心也没有用。尽管如此，这一策略仍有可用之处。某种程度上未来的确是可以被预期的，鉴于现在与未来息息相关，细心的人也一定能从现状中读取出利好或危险的信号。

两类基市交易法

股票交易中有两类基本交易方法。一种是对活跃的股票进行大宗交易，同时设以保值的止损指令。采用这种交易方法无需对股票估值有太多了解，关键是要确保拟交易股票在市场上足够活跃，这样才能在事先设置的止损点上及时执行指令。操作者需要判断股票的基本趋势。如果操作者的预测是正确的，就不用着急卖出，而是继续观望以期更大的收益；如果不幸做出了错误的判断，就该及时止损。只要预测正确和错误的次数差不多，总体上一定能获利。

另一种方法则完全不同，投资者需要了解其试图操作的股票的大致价值。投资者不但要考虑大盘整体走势，还要知道自己想入手的股票的估值相对偏高还是偏低，并且对该股票近几个月内的表现有所了解。如果上述条件都满足，操作者将在他认为合适的时间和价格上买入第一批股票，然后在其股价每下跌 1% 时再买入等量的股票。

交易大户们通常较为青睐第二种方法。他们很清楚某只股票的价值，因此能够顺利地追跌买入。他们对股票的了解就像商人了解自己日常出售的货品一样：如果一件商品值 100 美元，那么卖 90 美元购买者就会觉得很超值，而一旦跌到 80 美元或者 70 美元时，他们就会买入囤货，因为他们知道价格一定会涨上去。那些交易大户们就是这样紧盯着自己的股票并从中获利的。

对于小资金的交易者而言，这种操作方式有两个不利之处。

首先，小资金交易者对自己所操作的股票的价值往往缺乏足够的了解，尤其是无法发掘一些真正会干扰股票走向的意外因素。当股票大幅下跌时，小户们便开始恐慌，怀疑自己是否忽视了一些重要的东西，从而选择抛出手中的股票，而不是补仓摊薄成本。

其次，小户们总是缺少足够的资金。10% 在投资者看来是个比较常规的保证金率，他们认为，1000 美元可以支撑每组 100 股的投资交易，但事实却并非如此。如果一个交易者打算采取这种追跌买入法批量买入某只股票，而其股票账户里只有 1000 美元，那么他连每次 10 股的操作都有困难。一年中，一只活跃股票的高点和低点最多能够相差 30 个点，打算追跌的交易者在批量买入时，要做好心理准备承受 20% ~ 30% 的下跌。假设，交易者打算在股票价格顶点 95% 的地方开始买入，那么在股价回升之前，他可能还需要买进 20 组这样的股票。

不过，如果有人资助他 2500 美元作为投机资本，以 10 股一组的组合投资于铁路蓝筹股，在牛市下跌 5 点、熊市下跌 10 点时开始买入，随后每下跌一个百分点就买进同样多的股票，始终持有这些股票不卖出，那么他基本不会赔钱。

这种投资方式需要时间、耐心和对交易策略的严格执行，其结果则是十分可观的投资回报率。华尔街有句老话："想靠炒股发财的投机者最后往往以破产告终，而那些仅希望能获得好的回报的人，总会如愿以偿。"这句话其实是说，赚钱靠的是保守交易，而不是在暴利引诱下的冒险。

在权衡了各种风险后，现将采用批量买入追跌策略应注意的事项按顺序列在下面。

（1）牛市和熊市的交替周期为4到5年，你可以通过股票均价做出预测。

（2）确定你打算操作的股票，最好是铁路股，因为它能定期分红，股价合理，交易活跃，在牛市中其股价低于估值。股票价值可以通过可分配收益大致推算出来。

（3）结合股票近期的走势观察持仓情况。在牛市，买入的最佳时机是股票的价格从上一个顶点下跌4~5个点时；而在熊市，当你的股票从上一个谷底反弹3~4个点时就要考虑卖出了。

（4）只要之前的估值没错，就应该坚持持有手中的股票，直到取得不错的收益。记住，活跃股即使在最差的情况下也会有3/8~5/8点的反弹，而在好的市场环境下则会更多。

（5）多备一些资金，撑过一个完整的下跌周期。采用10股一组的投资策略，以最高点95%的价格买入第一批股票，2500美元差不多可以坚持到股价从最低点自然回升到所持股票平均成本的水平。别期望每一组股票投资都能获利，要看总体的平均收益。在牛市不妨看多，在熊市则可看空。通常情况下，熊市股价反弹的概率要高过牛市下跌的概率。

（6）即使追跌买入让你赚了钱，你也不能被胜利冲昏头脑，认为应该采用更加激进大胆的投资策略，比如在资金不多的情况下贸然开始每组100股的交易。要知道，只需少数几组这样的投资损失就能把你之前10股一组所获得的收益全部抹掉。

（7）每组10股的交易也可以做空。如果你的经纪人不愿意接受委托，总会有其他人愿意这么做，尤其是那些账户安全，并且很清楚自己在做什么的投资者，他们更容易得到信任。

三个基市推论

通过汲取他人股市交易的经验，可以总结出三个基本推论：

第一，仅看市场的表面往往会被迷惑；

第二，尽早止损，但在行情上涨的时候，不妨等等再卖出；

第三，合理估值绝对是盈利的惟一法门，而且也相对容易做到。

这些推论都近乎于真理，但关键是怎样把它们运用到实际操作中去。

我们首先关注一下市场的整体走势，看看什么时候才是买入股票的良机。市场走势通常可以分为三种：反映股价日变动的短期趋势、两周到一个月的次级趋势和四年以上的长期趋势。

无需支付佣金的交易商需要关注股市的日变动，而其他投资者则大可忽略，主要考虑中期震荡情况即可。交易者每次操作的股票不应超过三只，可以通过股价变化图来查看自己所关注股票的月趋势乃至年趋势，并且掌握这些股票在大盘中所处的位置。

交易者还应该记录与价格变化相对应的交易量，并标注出与该股票相关的所有特殊事项，包括营收的增减、固定费用增加、流动负债的增长等，还有最需要关心的指标——月度实际可分配收益。另外，日均值比任何单只股票的趋势都更能反映出市场的整体情况，交易者可以通过观察来掌握大盘走势。

本研究的主要目的在于帮助交易者更好地理解其所操作股票的价值（而非当前价格），并看准入手时机。假设某只股票 30 天内的波动幅度为 5 个点，那么在波动幅度达到 3 个点的时候最不适宜买入，因为此时留给投资者的盈利空间只有 2 个点。

因此，在下跌中寻找谷底才更为明智。例如，当下交易的是联合太平洋铁路公司的股票，其股价明显被低估，而且整个股市正处于为期四年的牛市环境中，而联合太平洋铁路公司的股票已经比之前的最高点下跌了 4 个点，其公司未来营收十分看好，大盘走势也处于稳定之中，那么这时就是买入这支股票的最佳时机。不过，一些行事严谨的交易商可能只会买入自己原定数量的一半，等其股价继续下跌时再买进剩下的一半。但这种下跌可能会超出他的预期，导致获利延迟。有时，交易商甚至不得不抛售所持股票，在价格大幅下跌时重新以更低价补仓。

不过，这些都是比较特殊的情况。在多数案例中，如果投资者对某只股票的价值有清晰的认识、同时又能严密观察市场震荡状况，那么以这种方法来选择买入时机通常都能获得不错的投资回报。

专家解读

什么是科学的投机交易方法？本章的重点不在于作者最终给出的三个基本推论，而在于之前铺垫过程中所介绍的股票价值估值交易方法。老实讲，每一种交易方法我都很关心，并认真地研究过。因为毕竟对于我们绝大多数交易者而言，能否准确预判一只股票的价值，需要太多综合能力。我的一位好友也是交易者，他对发生在自己身边的金矿企业并购案很了解，由于自己做税务的关系，他知道都是经营有问题的企业在整合，所以不敢买进相关股票，但结果却连板翻番。因此我坚信"所有的信息都在股价中得到反馈"这一假设，并据此操作不带有任何遗憾。

由此看来，罗斯柴尔德家族的交易法则和巴菲特的多有类似，只是两者在提出该法则时的语境和情形有很大不同。读者应认真研究"大众抛售时接盘"或者"众人恐慌时买入"这一交易策略，该策略的运用需要一定的前提条件，比如在1929年股市高点处大家争先恐后地抛售时你买进，那结果就不会令人开心了。而且从纯技术交易的角度来看，这种买进方法叫"左侧交易法"，也就是说在股价还没有开始反转甚至是筑底之前就买进。众所周知，股价的筑底和反转需要相当长的时间。在如此长的时间内保持账面浮亏是一件令人难以接受的事，尤其是看到别人的账户在增值。我个人认为，只有大机构、大投资者以及资金量充沛的交易者才适合采用此类交易方法。我的一位年逾花甲的忘年交，手握巨额资金，做的就是这样的套利交易，很稳健。可能是时间的积淀和耐心不够吧，我跟着他操作了数笔，无一例外都是中途耐不住寂寞"割肉"了事，而新买入的股票也没有涨。这样的经历令人痛惜，在此我强烈建议投资者慎重选择这种交易方式。

丹尼尔·德鲁的名言和杰西·利莫弗尔的"截断亏损，让利润奔跑"有些类似。但这是我们常人很难做到的。我就曾多次受伤，为了时时警告自己，我现在的做法是，将5年乃至10年前交易亏损的股票留下100股，让账户中亏损的绿色数字经常刺激自己，以此保持敬畏，保持头脑清晰，让警钟长鸣！然而，尽快止损这样的法则也有失效的时候，止损位太高，很容易被多次波动的"小刀"割得遍体鳞伤；止损位太低，又会因此痛失太多的本金。可以看出，合适的止损位很难确定，不同的股票有不同的止损区间，而最专业的做法就应该是花费大量的时间去研究它的历史走势。

对于小笔分仓和金字塔交易，这样的交易法则适用于进入股市10年甚至20年以上的交易者，如果一开始就如此淡定，那么他日的成就必将无可限量。

本章最后所讲的以日内波动幅度为度量参与交易的方法，颇为可取。其实质就是选择交投活跃的股票进行交易，这才是技术交易的本质。当然，价值投资另当别论。

第三章

如何解读市场

在牛市中做多、熊市中做空往往不会出错。只要一段时间内几只股票最高点的平均值都超过了前段时间的水平，基本就可以判断市场处于牛市。同理，如果几个最低点平均值都低于之前的水平，则为熊市。

市场震荡

曾有记者问我："有时你在文章中十分看好短期市场，却对中长期市场有些悲观。请问你该如何解释呢？"

经常有人提出类似的问题，这说明提问者对股价较长期的波动情况不够熟悉。很多人似乎认为股价的每日波动都是相对独立的，与其接下来可能出现的大幅价格变化没有关系，而事实并非如此。

股市中存在着三种相互渗透的趋势。首先是短期趋势，即由局部原因和特定时间内股票买卖所引起的日价格变化；然后是次级趋势，涵盖10 ~ 60天的价格变化，平均周期为30 ~ 40天；最后一种则是4 ~ 6年价格震荡的长期趋势。

在分析市场时，为了抓住最有利的时机，操作者应该对这三种趋势同时进行研究。如果股市呈现出上升的主要趋势，那么期间的下跌就是投机良机；但如果股市的主旋律是下跌，那么就要抓住反弹的机会。

在牛市中做多、在熊市中做空往往不会出错。只要一段时间内几只股票最高点的平均值都超过了前段时间的水平，基本就可以判断市场处于牛市。同理，如果几个最低点平均值都低于之前的水平，则为熊市。通常，我们很难判断出某种趋势的结束，因为股价的变化可能是大趋势转变造成的，也可能只是较大幅的刺激波动所导致。

操作者首先要考虑的是拟交易股票的价值，然后再借助于《华尔街日报》上刊载的每日价格曲线图来确定其股价的未来走势。最后，衡量一下这只股票在刺激震荡中所处的位置。

仍以联合太平洋铁路股为例。价格曲线图清晰地告诉我们牛市即将来临，一个月前，联合太平洋铁路的高点为108点，然后随着市场变化其股价自然滑至98点。投资者可以在这个价格上开始小幅买入，当这只股票价格未来进一步下滑或者出现强劲的上升趋势时，再继续买入。然后，我们只需观察市场宏观情况，静待上升趋势的到来。

这种情况下，就算下跌10个点也肯定会迎来5～10个点的反弹。如果大盘整体处于上升趋势，那么最好等其再涨5个点之后再考虑卖出。

即使在熊市中负面因素会抑制股价的提升导致获利较少，这种交易法也通常是十分安全的。

市场解读

一位记者写道：可不可以通过大盘、交易记录和股价变动的概要来预测市场呢？对于投资者来说，"怎样发现交易中隐藏的秘密"是个大问题，方法多种多样，虽然都很难令人完全满意但还是有几种方法值得推荐，投资者可以有选择性地将其应用到实际操作中去。

1. 账簿法

账簿法是记录下股票的每一点价格变化，形成一条在水平方向上延伸，同时在纵向上反映出市场价格上下波动的曲线。有时会出现这样一种情况，较为活跃的股票却在极窄（比如，2 个点左右）的价格区间内波动，一段时间后，就会留下一条很长的水平曲线。形成这种曲线通常意味着该股股权相当集中或相当分散，公众基于这种情况会做出买入或卖出的不同判断。过去 15 年的记录证实，在这种情况下，市场操纵者的意图经常会被人发现。

2. 双顶理论

双顶理论的诞生是基于以下这种情况：过去的交易记录显示，当一只股票价格达到顶点后通常会出现缓降，之后再回升至与前顶点相近的水平。但这样的势态过后，股价会再次下跌，而这次下跌的幅度可能会较大。对于投资者来说，不能仅凭这一法则来指导交易，因为其会存在很多例外，有时甚至观测不到任何信号。

3. 平均理论

有一些投资者信奉交易中的平均理论。的确，从长期来看，股市上涨和下跌的时间为五五开，几天的上涨后基本都会跟着出现相应的下跌，以此作为平衡。但这一理论的问题是，小幅度的股价震荡往往是大幅度震荡的一部分，虽然整体而言上涨和下跌的幅度可能大致相当，但什么样的情况都可能发生，也许在一次大的震荡中一连多天的上涨或下跌也是有可能的。虽然从长期来看该现象并没有违背平均理论，但在短期预测中这种理论的应用可能会令人失望。

4. 回撤理论

这是一种基于行动与反应机制，并且更为实用的交易理论。股市中似乎存在一种现象：每个主要趋势过后，都会迎来反方向的次级趋势，后者的震荡幅度至少为主趋势的八分之三，无论主趋势有多强大。也就是说，如果某只股票涨了 10 个点，那么接着很可能会出现 4 个点的回落，20% 的上涨也会伴随至少 8% 的回落。

股市主要趋势的来临很难预测，但上涨时间越长，反作用力就越大，也就越容易抓住次级趋势的交易机会获利。

5. 响应法

很多经验丰富的交易者都喜欢采用"响应法"。这一理论认为，市场中或多或少都存在庄家。一个想要拉高大盘的操纵者不会购买所有股票，而是通过正常买入或操纵一两只股票的价格，再密切关注其对其他股票产生的影响。如果市场倾向于看多，其他股民愿意买入，有些人看到个股涨势不错，就会开始买进其他股票，大盘也会随之升至更高的水平。这就是公众响应，也表明首涨的股票还会进一步上涨，股市也会整体跟进。

不过，如果仅仅是被操纵的股票上涨，而其他股票并没有跟进，则表明公众缺乏买入意愿。一旦明确了这种情形，操纵者往往会停止拉升股价。有观测大盘习惯的人会更多地使用这种方法。他们通常会在每日闭市后关注当天的交易记录，观察哪只股票在几小时内被推高以及大盘是否整体跟进。解读市场的最佳办法是站在价值的角度，市场不是随风飘荡的气球，我们可以看到，众多目光长远的有识之士为了让价格回归于价值做出了不懈的努力。大庄家们关注的不是某只股票价格是否能被提升，而是其想入手的有价证券的价值能否获得投资者和投机者关注，股价能否在六个月内上涨 10% ~ 20%。

因此，在分析股市时，很重要的一点是要确定股票三个月内的估值情况，以及庄家和其他投资者能否将股价推到预期高度。通过这种方式，投资者可以清晰地看到股价的变化趋势。只有理解股票的价值，才能理解市场中各种波动的意义。

专家解读

解读市场最重要的就是时间维度。本章中给出的集中判定市场的方式和方法都颇具代表性。所谓的"账簿法"，最重要的就是发现横盘整理的股票，一旦选择了突破方向，都会极具持续性。双顶理论很好理解，一般情况下，股票单尖顶做头部的情况很少出现，至少要双顶，甚至三重顶。关于平均理论，我更倾向于认为这是对称理论的特殊形式。很多人根据对称性原则找到了在市场中稳定盈利的方法，也同样有人根据非对称性原则找到了盈利方法，比如急涨对缓跌，缓涨对急跌等。在这几种方法中，我认为比较有实用价值的应该是回撤理论，即基于行动与反应机制的实用交易理论。这很像黄金分割理论，一般情况下，0.618 的黄金分割比例在人类社会的任何一个领域都会有体现。这一点对于持有行进在牛市途中个股的交易者尤为重要。很多交易者由于不愿参与回撤而损失了大部分利润，还有的交易者因为贪心，想要得到这部分回撤的利润，最终导致错失牛股。

关于"响应法"，我认为其适用于当今全球的各类交易市场。我有一位同学是做期货发家的，他依靠微薄的工资收入在期货市场上赚了上千万元的资本。在与他的交流中我发现，他对一个品种的对手盘非常敏感，经常试错，交易中的试错就是买进或者卖空，并借此观察市场的响应。法国著名作家古斯塔夫·勒庞（Gustave Le Bon）在其著作《乌合之众：大众心理研究》（*The Crowd: A Study of the Popular Mind*）中对普通投资大众的群体行为进行了分析：当交易技巧上升到一定层面，不管是价值投资还是技术分析，你所交易的股票都必须得到最广泛的投资大众的积极响应，这样你才能最终获得收益。就算是顶级的价值投资者，如果交易大众始终都没有发现其所投资标的的实际价值，那么也是很难盈利的。我比较认同这种交易理念，尤其是在现行中国的 A 股市场，相较于价值、技术，一只股票是否"有故事"才是人们更为关注的，这就叫想象力！而且，故事的内容还要能被投资大众广泛接受，这样才能获得巨额利润。当然，追求稳定收益的稳健投资交易者不属此类，如果碰巧持有这样一只有故事的股票，那只能说明是一种巧合，故事和价值的重叠模块。对此在本章的结尾作者也总结了，最重要的是最近三个月内的估值，而这样的短视行为是任何价值投资者所不认可的，他们最少都要看三年，甚至十年的估值情况。这也无怪乎人们会如此看待市场，因为在一个国家的经济高速发展时期，三年的时间实在是太长，不确定性因素太多。

到底应该如何解读市场呢？我认为这取决于你的交易策略。如果你喜欢短期投机行为，那么依照技术形态去寻找"有故事"的股票最为适宜；如果你是一位稳健的价值投资者，那么一只股票长期稳定的内在价值才是你所追求的，解读市场只是为了在股市波动时收集筹码。一般而言，前者累积财富快，但消失得也快；而后者往往靠超级的耐心和毅力最终赢得了财富。最为合理的方法应该是，在资本原始积累阶段，采用短期投机方式；到一定程度之后，再采用长期投资方式。

第四章

如何止损

"止损需尽快，收利且暂缓"这句名言被诸多股市投资者认同，多位投资大师都提出过类似的说法，并愿意为其冠上自己的名字。尽管止损并不能直接给人带来巨大的财富，但人们仍然十分相信这个道理。

止损指令

一位记者曾问："我的经纪人建议我采用止损指令作为投资保护措施。但我觉得，经纪人要收取佣金，设置止损指令对他们来说是有益的，可这样做会给我带来不必要的损失。您认为我应该设置止损指令吗？"

关于这个问题，投资者可以通过采集多次市场波动数据并观测其平均值而获得启发。我们认为，对于保证金交易商，尤其是超过标准杠杆率的交易商而言，采用止损指令是明智的，但同时也应注意诸多前提条件。

如果以准投资人的身份进行交易，按市场主趋势操作并采用50%的保证金率，那么这种情况下就不必设置止损指令。对此的进一步解释是：假设市均价显示股市处于上升期（这一时期通常持续数年之久，期间只存在短暂的回落），或者交易者发现了某只股票的价格大大低于价值，在该股票短暂的下跌期间买入并打算持有数月，直到股价回升到与价值相应的水平，在这种公平的交易中，止损指令是无用的。

　　然而，如果一个交易者有2000～3000美元的保证金，仅凭大盘指数或感觉来判断趋势而非考虑股票本身的价值，那么就很有必要设置止损指令了。经验显示，止损指令会帮助其获得超过买入价格2%的收益。如果有消息称某只股票将上升，结果却莫名其妙下跌了2个点，那么这种利好消息无疑是虚假的，投机者止损越早，损失越小。

　　现实往往是这样：一旦某只股票上涨了2个点，往往还会进一步上涨。而人类的天性更倾向于无视小额亏损，结果最终演变成巨额亏空，引起一阵恐慌，而智者们早就"割肉"确保基本收益了。

　　无数交易者表示，股票下跌2个点时，他们通常会选择继续等待，直到出现10个点的亏损才会相信这笔投资毫无价值，然后采取相应措施。交易商们的经验证实，止损指令会让他们的交易损失保持在可接受的范围内，如果不及时止损，投机者在交易结束后很可能亏得身无分文。

　　"止损需尽快，收利且暂缓"这句名言被诸多股市投资者认同，多位投资大师都提出过类似的说法，并愿意为其冠上自己的名字。尽管止损并不能直接给人带来巨大的财富，但人们仍然十分相信这个道理，因为他们见过了太多资金不足却强行交易的人，这种情况下止损指令尤为适用。

　　在股市获利丰厚的，几乎都是那些能看清市场趋势的人。他们通过现金或者高额的保证金买进自己确信将大涨的股票，然后持有数月甚至数年后获得可观的投资回报。

　　观察过去六年的股票市场，或者说自从1896年以来，你会发现20美元左右能够入手的那几十只股票最后基本都涨到了80美元。在此期间，一半以上的股票都属于这一情形。这么好的行情当然不会年年出现，但因股票价格低于价值而最终获得上涨的情况却很常见。

就投机本身而言，止损指令是非常有用的。如果股票在刚出现反作用力的时候买进，那么快速止损就会帮交易者把原本 5 ~ 6 个点的损失限定在 2 ~ 3 个点。根据前述理论，这种情况发生的可能性很高。另外，对异地交易者来说，止损指令也很重要，因为市场瞬息万变，而经纪人很多时候来不及与他们联系获得指令。

止损指令的价值还体现在做空的投资策略中，当人们沉浸在大跌的恐慌中时，往往会忽视短暂的反弹，如果继续做空将抹掉之前所有的收益。

不过，设置止损指令的客户应该清楚地了解这一指令的含义。例如，一个在联合太平洋股份 105 点时做多的客户，应该把止损点设置为 103 点。这就相当于告诉其经纪人："一旦联合太平洋的股价跌到 103 点，就马上以当时最高价卖掉我的股票。"

如果此时最高的卖出价为 102 甚至 101 点，经纪人仍有权执行止损交易。因此在设置止损指令时，设置者应该考虑到市场的规模。以联合太平洋这只股票为例，只要不是处于恐慌时期，止损指令应该在止损价格以下 1/8 ~ 1/4 点的范围内执行。但对于拉克万纳铁路公司或芝加哥 – 东伊利诺依铁路等铁路股而言，设置止损指令可能会十分危险，因为没人知道什么样的价格可以接受。

对市场空间有限的股票不应设置止损指令。但对其他股票，止损价格的设置很大程度上取决于交易者估值的方法。

尽快止损

在前面的章节里，我们讨论过股票交易的方式。经验证明，每个操作员都应该在以下两种方法中做出选择：要么尽快止损，要么设立投资头寸。此处我们主要讨论尽快止损的好处。

任何交易者在买入股票时都有自己的理由。他可能听说某只股票将会上涨，或者相信其现价低于价值，要不就是他认为牛市即将到来，这只股票将与大盘一样水涨船高。总之，各种各样的原因会促使交易者做出买入的决定。

显然，只有一种情况下买家会在对某只股票不甚了解时便出手购买，那就是听了别人的建议。高手的推荐有时十分值得遵循，如果事先知道庄家或者大操作者打算拉升某只股票，那简直再好不过了。

但很可惜，几乎所有人都从惨痛的教训中体会到了"再好的计划也难免出现偏差"。操盘高手们早就放弃利用市场波动寻利，他们也大多意识到，对于股市投机，"想"和"做"完全是两码事。因此，喜欢捕风捉影的交易者们即使有非常好的消息源，也未必能如愿获利。在这种情况下，真正可靠的惟有设置一道止损指令。股价上涨当然是好事，倘若下跌，止损指令就会起作用，而那些只听信他人说好却没有设置止损指令的投资者，就只能蒙受更大的损失。

通常情况下，止损指令会设置在低于买入价 2 ~ 3 个点的价位上执行。任何基于点位、趋势甚至传言的买入都属于猜测，都需要通过止损指令加以保护。交易者在查看账户时，很少在意那些由于执行止损而留下的诸多 200 美元左右的小亏损，但如果一次性损失 1500～2500 美元，就会无比沮丧，这么大的损失往往源于之前对形势判断的过度自信。

执行止损指令也存在一定的弊端，因为很多时候形势并没有想象得那么坏，根本不需要马上止损。现在还没有一个更好的方法能够解决这一问题，只有尽量设置一个合适的止损点，止损时视具体情况区别对待。例如，股市五年期变化表明市场现在正处于牛市，在反作用力的影响下，联合太平洋铁路股已经出现了 5 个点的回落，有人要以低于上一高点 5 个点的价格买入该股票。这时，如果其股价下跌了 2 个点，那么最好马上止损，因为这种下跌很可能预示着未来还会有超过预期的更大跌幅。1899 年 12 月就曾出现过这种情况，当时也处于牛市，止损指令就帮助交易者挽回了很大的损失。

如果随后股价又回升了 2 个点，交易者又在之前的购买价附近重新买入，此时最好将止损点设在此价格 3 个点以下的位置。这么做的理由是，股价一般不会像上次一样出现大幅下跌了，因此无须再执行止损指令。

如果这一推断是可信的，而且股价继续上涨，止损指令最好始终设置在市价 3 个点以下的水平，直到该股再次上升了若干点并显示出"触顶"迹象，这时再把止损点恢复到市价 2 点以下，并继续观望。首次买入某只股票又对其走势犹豫不决时，止损指令的下达尤为重要。另外，当以股价每上涨一点都买入等量股票进行连续投机时，设置止损指令将成为决定盈亏的关键。在股价正常波动并且将迎来主趋势后的反作用趋势时，止损指令可以帮你保留盈利空间，等待股价进一步上涨。但如果在很好的时机买入某只股票，并且其股价正处于缓慢上升中，那么止损指令的存在就不重要了。这种情况下，止损点应该设置在远低于市价的水平，以免在上升期的小震荡中误将股票抛售。

有了止损指令，操作者就可以放心地对那些因自己不太确定价值而不敢购买的活跃股票进行交易了，交易量也可以比没有设置止损保护时更大。对于那些想要迅速赚大钱，或者做好小亏的心理准备，目的是放长线钓大鱼的活跃投机者们来说，止损指令无疑是最好的选择；同样对于小金额操作者、异地交易者和胆小的投资者来说，设置止损指令也很重要。但这里要注意一点，止损指令仅适用于市场规模较大的股票，而不适用于那些不活跃的股票，否则会给交易者带来很大的损失。

将 100 股联合太平洋公司的股票的止损点设置在 75 点，意味着一旦成交价降到 75 点，就必须将该股票以最好的价格脱手。如果当时最高的卖出价为 74 或 73 点，经纪人同样会出售股票。因此，对那些报价差额过大的股票，不应该设置止损指令。

危险的过度交易

经常有人问："如果炒股资本为 100 美元，那么能不能随涨买入，并通过及时止损来保本呢？"

在美国，许多人都希望仅用 100 美元或 200 美元的资本炒股。他们中大多数人相信，如果 1000 美元可以用作 100 股股票交易的保证金，那么 100 美元也一定可以作为 10 股股票交易的保证金。这一推断看似有道理却未必成立，因为这是两种完全不同的情况。

原因在于，没有人能保证完全在底部买入股票并在最高点卖出，也不能保证永远都不出错、不出现任何损失。对大多数人来说，在股市的各次交易中，如果 60% 盈利 40% 亏损，那么整体就是赚钱的。交易高手的经验告诉我们，炒股的亏损或开销一般占总盈利的 50% ~ 65%。

如果一个人在特定时间内的交易中总共获利 10 000 美元，那么期间他大概赔过 5000 ~ 6000 美元，也就是说他只从股市中净赚 4000 ~ 5000 美元。盈利和损失通常会交替出现，既有只赚不赔的时候，也有只赔不赚的时候。但即使是那些交易经验丰富、资本雄厚的投资者，也鲜有人能保持赚取总收入 50% 以上的净利润。

对于一个投机者，尤其还是个新手来说，在积累相当的盈利之前，10% 的保证金能让他撑过必经的损失期吗？如果操作者碰巧在对的时机买卖股票，那么 10% 可能够了，但要对未来的投资进行规划可不像回顾过去那么简单。

对于一个只有 100 美元本金却想在股市有所作为的人，我认为最好遵循以下两种方法。

（1）选择把全部资金投在价格低于价值或市场均价的股票上，然后等待其价格修复，这么做通常会带来 5% ~ 10% 的收益。这也许是最安全的交易方法了。

（2）动用保证金买入 2 ~ 3 股股票，并把止损点设置在买入价以下 2 个点的水平。一般的经纪人都对这种小额交易没什么热情，但如果某个经纪人相信客户的投资方向是正确的，有可能赚钱，那么他也会为了未

来或有的收益接受其委托。大部分经纪人都会认为用 100 美元原始资金
炒股是天方夜谭，但如果只操作两股股票的话就不同了，交易者既能够
从恰当的操作中获得信心和成就感，也有足够的时间消化损失，权当在
学校里学习经验。

我们认为，上述推理同样适用于以 1000 美元资本金操作 100 股的情
况。即使经纪人愿意接受这样的委托，但这种交易仍然十分勉强，交易
者难免蚀本。如果以 10% 保证金买入 100 股股票，一旦在买入价下 2 个
点止损，就已经损失了 1/5 的资本金。就算再次交易有幸获得 1 个点的净
利润，交易者也可能因为第三次尝试所带来的 3 个点的损失而彻底失去
信心，以至于选择抛出而错过补仓时机，最终把自己的股本损失殆尽。

如果一名交易者以 1000 美元作为资本买入 10 股股票，那么他应该
经得住损失，也有勇气补仓摊低成本或者买一些处于低点的其他股票，
结果也许会盈利。

理论上，如果在市场的任何情况下都以这种方式操作，那么谁都能
从股市中获利。这样操作没有任何风险，投资者的决策也能保持清醒。
不过，一旦投资者的本金处于风险中，恐惧将会影响他的判断，甚至做
出与理论上完全相反的行动。针对这一问题的应对之策是，将交易规模
控制在本金的一定比例内，以便操作者能够理智决策，并且有足够的资
本轻松应对每次止损、加仓或换购其他股票的需要。过度交易，往往会
让人担心本金的安全并且缺乏余地，无疑会给操作者造成很大压力。

无论本金大小，如果操作者抱着每年获利 12% 的心态，而非企图每
周赚取 50% 利润，那么长期坚持下来，往往会得到不错的投资回报。其

实，不管针对哪个行业，这个道理都浅显易懂，但那些谨慎的店主、厂长或者地产商们似乎都觉得股市应该有更加不同的规律，然而并非如此。

业余投机者如何止损

一位记者曾问："对于那些远离华尔街的投资者，如何保持对市场的密切关注并在股市中获利呢？"

这也是一个经常出现的话题，表明很多人都对成功交易所需的因素存在误解。他们似乎认为，如果操作者身在华尔街就可以随时准确地预测市场动向。实际并非如此，一个人越了解投机，对市场动向就越不敢确定，只能判断一些最常见的情况。

在华尔街进行交易的确有别于其他地方。前者的优点是，操作者可以一直盯着自动收报机和行情牌，从而发觉稍纵即逝的市场行情。但是，反应快也未必总是好事，因为当时未必就是合适的操作时机。

那些远离华尔街的投机者们不必随时紧跟市场，除非是通过专用电话线实时了解行情。此类交易者应该以投资为目的进行长线交易，关注一些更为确定的因素，如基本面和股票价格与价值的关系等，而不是把目光放在短期活跃的股票上。

交易者首先要明白投机性投资有哪些关键因素。以铁路股为例，它们中的大多数股票都会定期分红、公布营收和净利润数据，而且每年还会至少发布一次关于公司财务和经营状况的详细说明。当然，这种信息越多越好。

考虑其维持或增加分红的能力，这样的股票相对更容易被准确估值。假设一段时间内该股票的分红水平保持现状，而且其成本回报率也能令人满意，那么这只股票就值得买入，只要在市场的下跌周期中，其股价跌到价值以下便可购买。

以联合太平洋股票为例。几个月前，该股票价格为 50 ~ 60 美元，并维持 4% 的分红率，已知近年的营收增长超过 8%。在这种情况下，该股票价格显然低于其价值，随后的情况也证明了这一点，在过去的几个月里该股股价上升了 30 多点。也有一些股票不像联合太平洋股这么便宜，但也能产生类似的投资效果。三个月前，铁路股的整体价格都低于其价值。

现在很少出现这种情况了，业余投机者也不用着急入市。下跌一定会再次出现，到时候价格将回落到适宜买入的水平，业余的投机者们最好选择买入一只状况良好的铁路股，数量以自己现金支付的能力为限，即使其股价下跌也能够作为投资继续持有。如果认真分析了股票价值和大盘趋势，还可以选择追跌补仓，摊低此前的交易成本。

持有这种股票无须考虑眼下的价格波动，而应该坚持到获得满意的收益后再将股票卖出，然后在接下来的几周或几个月内继续观望，以便在合适的价位重新买入该股，或者对其他股票进行新一轮的操作。

天天盯着大盘的业余投机者们很难赚到大钱。只有那些仔细选择投资目标，并在市场低位买入，然后耐心等待操作良机的投机者才能从这个市场中淘到金，因为他们是以投资的心态进行投机的。

还有一位记者问："那些没法随时关注市场波动的业余投机者们，他们能在股市中赚钱吗？"

我认为，有两种交易方法可供这样的业余投机者选择，每一种都能带来相当不错的获利机会。

第一种，把买股票当作一种投资。

业余投机者可以把买股票当作一种投资，在其价格低于价值时以自有资金购入，等待价格修复后出手，赚取其中的差价。

价值是由红利的安全边际、上市公司营业收入的规模和增长趋势以及资产负债表的健康情况、企业战略等因素决定的。这听起来很复杂，实际上并不难算出。

举例说明，一年前，我们几乎每天都能发现，尽管股票价格一直在下跌，但由于公司营业收入在过去一年中大幅增长，而固定费用却没有增加，每股收益实际上是上升的。这种倒挂情况并不会维持很久，要么每股收益下降，要么股票价格涨到其应有的水平。这就是一个很好的关于选择股价跌破每股收益的股票进行投资的范例。

同理还会出现股票价格相对其每股收益水平过高的状况，1902年的美国股市就是这样。在过去几年间，上市公司的经营收入的确取得了一定程度的增长，但许多股价都上涨了超过50%甚至翻倍，不论以什么标准衡量，这些股票的价格都已经超过其自身价值了。

如果投资一只股票仅获得3.5%的回报率，那么说明交易者买入时价格过高，除非还存在其他特殊原因。从长远看，股价往往会自行调节，逐步向价值回归，但也不能因此太过大意。业余投机者们可以通过观察上市公司的营收状况判断其股票价值，一般来说这么做都比较安全。

第二种，迅速止损，延缓收利。

大多数人在谈到炒股赚钱时，并不是指缓慢的投资，而是想通过短期投机取得暴利。在这一问题上，存在一个较为普遍且获得了大多数交易高手认同和推崇的规则：及时止损，但别着急收利。这一规则听起来很简单，但在实际操作中却没那么容易。一方面交易者不愿意在刚出现小额损失时就抛出股票，因为事实证明许多时候根本无须止损，股票仍然有回旋的余地；另一方面，运用这一规则还意味着如果买入的股票发生下跌并被止损，之后还应该再次买入，在最终上涨前也许会重复三到四次。这会给投资者带来很大的压力，驱使其不及时止损，最终蒙受更大的损失。

有人可能会问，止损指令应该一成不变，还是视具体情况随时调整呢？经验证明，买入价以下 2 个点的水平是最佳止损点。如果本来预期某只股票将要上涨，结果却跌了 2 个点，那么它继续下跌的可能性很大，原先预期的上涨或被推迟了，或者根本尚未到来。

例如，交易者基于各种情报、价值研究，并结合其市场经验做出了这样的判断：联合太平洋铁路股的最佳买入价为 107 点。但在此价位买入后，该股票却跌到了 105 点，理论上他就应该止损了，并等待利好出现时重新买入该股票。

长期交易记录表明，即使是盲目遵循"迅速止损，延缓收利"这一原则，结果也往往好过大多数基于主观判断的交易。当然，及时止损也需要良好的决断力。

应该强调的是，并非每次出现 2 个点的回落都需要立即止损。如果市场显露出反弹趋势，不妨再等等。如果所购股票的价格下跌是出于其他股票的联动效应，并且已经触底，那就无须继续执行止损指令。毕竟，止损的目的是尽量减少股市正常下跌带来的进一步损失。

对于"延缓收利"，可以用两种方法来判断套现的最佳时机：其一是等待大盘趋势发生明显改变；其二是提前在最高价以下3点设置止损，并在止损点抛出股票结束交易。经验表明，出于市场操纵而被拉升的股价，其跌幅很少会超过3个点。当然，庄家震仓时则例外，这种情况也需要交易者自行判断。

比较好的情况是，交易者买入某只股票后，股价上涨到远超过买入价的水平，如果恰逢牛市，这时就不用着急卖出套现。熊市的操作则正好相反，交易者做空头而非做多，但在其他方面遵循同样的规则。

也许股市里并不存在什么绝对赚钱的交易方法，但交易记录证明，在股价稳定一段时间后再买入，以及奉行"及时止损，延缓收利"的交易原则，绝对比大多数人的市场猜测有效得多。

专家解读

提起止损，很多交易者都是泪流满面。能赚大钱的止损了，赔钱的反而没止损。到底应该怎么办呢？对于止损指令的设置，仍然要看交易者的交易策略，倘若没有固定的交易系统，仅凭消息或者自己的判断，当股价出现与自己判定相左的走势时，就应该及时止损。然而，现实情况正如本文中作者所调查的那样，很多人宁愿接受 10 个点以上的大亏损，也不愿接受 2 个点的小亏损。同样，人们宁愿接受 2 个点的小利润，也不愿接受 10 个点以上的大利润。止损必须和交易系统以及交易策略相关。例如，我有一位朋友是个左侧交易者，他通常会根据自己的交易系统，在某只股票见底之前半年甚至一年内，买进长期处于浮动亏损状态的头寸，然后继续有计划地加仓直至 100% 盈利，因此对他而言，"及时止损"这一概念并不那么有效。通过观察他的交割单我发现，这种一开始买进并不赚钱直至最后赚大钱的交易，是交易系统本身所决定的。由于不能确定一只股票何时以何种价位见底，因此只有在确定该股处于相对历史低位时买进，等到最后该股被大众热捧急速上涨之时平仓获利。不过，左侧交易者需要极大的耐心，我认为没有相当的阅历和淡定从容的心态，这种交易方法是万万不能达到盈利目的的。

在股市，不同年龄段的交易者，以及不同交易年限和经验的交易者，对市场的理解和领悟都是不同的。这就从根本上决定了交易方法也不同，止损指令的设置当然会产生不同的效果。

关于尽快止损这部分内容，我相信作者的本意在于奉劝那些容易听信小道消息以及喜欢捕风捉影的交易者们，一旦发现价格的运行方向和宣传的方向不一致，就要尽快认错出局，而且止损幅度应控制在 2% ~ 3%。如果买进后执行了止损，而股价又再次上涨到了买进的价位，此时交易者应该重新根据自己的交易系统预判是否买进，而不能盲目操作。那么，究竟该如何面对亏损呢？一般情况下，亏损是交易中一定会出现的状况，通常在总盈利的 50% ~ 65%，而即使是绝顶的高手，也只能将亏损控制在30%以下。如果你热衷于炒股，就应该坦然地面对亏损，并愉悦地接受它，正如你愉悦地接受盈利一样。

最后本章旨在告诫交易者，股市并不是赚快钱的地方，有时甚至远没有实体经济来得实在和迅速。股市没有绝对有效的赚钱策略，仅仅盲目地遵循"迅速止损，让利润奔跑"这样的交易原则，是不能够在市场中立于不败之地的，交易者应该选择有效的获利方法，有智慧地在股市中交易。

第五章

异地交易、空头操作以及亏损究责

交易者一定要学会区分熊市的两个明显阶段：群跌期和分化期。群跌期做空操作获利迅速且利润可观，而进入分化期做空的盈利能力就会显著下降。最终，还是应该以个股的实际价值来判断价格的高低。

异地交易者

一位记者提出："对于一个住在内地城市、每天只能看一两次行情简报的交易者，他能从股市中赚钱吗？"

这个问题代表了一种普遍的观点——直接在华尔街交易会得到更好的回报。这一点对于某些交易来说确实如此。如果一个人在证券交易所拥有一席之位还不用付佣金，那么他无疑将拥有很好的操作条件。但这一切并不能保证他能从股市中获利。

说实在的，无论交易者是否身处华尔街，交易 100 股股票所必须花费的 25 美元佣金都会让他承受很大的压力，从而影响他的操作策略。虽然也有个别人想方设法规避了这笔费用，但对大多数人而言，佣金都是一笔硬性成本。

假如买卖股票能有 10 个点，哪怕 5 个点的利差，那么对于完成 100 股交易所需的 25 美元佣金，投资者可以不用放在心上。但如果买卖差价仅有 1 个点，佣金数额就显得很大了。对于炒股新手来说，相当于将赚的钱全部付给了经纪人。

因此，普通交易者必须努力实现利益最大化。除非确信自己拟操作的股票能上涨 4 ~ 5 个点，否则最好不要买入。面对 5 ~ 10 个点的价格波动，远程的交易者反而更有优势。他们不会听信谣言，也不会像坐在办公室里一直盯着股票的交易者那样过分关注市场上微不足道的变化。

现在的华尔街充斥着看多市场的投机者，但他们很少赚到钱。究其原因，往往是被流言或者短暂下跌的恐慌打乱了阵脚；而看不到这些的交易者则可以免除烦恼。身为异地交易者只需面对一个问题：市场瞬息万变，上一秒钟的盈利往往下一秒就变成亏损，有时还来不及止损，损失就已经扩大到一定程度了。当然，这种情况的发生并非像人们想的那样频繁。

市场很少会朝一个方向运行几个点后迅速掉头，而且在转折处没有太过显著的波动。通常的情况是，个股在上涨 5 个点后，往往会进入一个窄幅震荡区间，如果异地交易者不再看好该股的未来，那么仍有足够的时间清仓。如果异地交易者想入手那些表现稳定的股票，则可以通过提前下达止损或变现指令来对交易进行保护。

异地交易者必须确定自己所操作的股票的价格是低于价值的。这一点非常重要，否则很容易在下跌的过程中对所持股票失去信心。从价值角度确认了拟操作的股票后，应等到大盘从高点自然回落后再开始买入交易。

如果市场上的 20 只活跃股票都上涨了至少 10 点，那么正常的下跌幅度大概为 4 个点。随后迎来的价格回升期将是建仓的好时机。交易者一定要富有耐心，哪怕发现其他股票涨势喜人而自己的股票纹丝不动，或者听说有人通过某笔交易一夜暴富，也不能轻易改变策略。交易者得学会忽略某些声音，无论是面对传言，还是市场正在震荡的事实。交易者只需要坚守自己买入的被低估的股票，等着别人纷纷发现这一投机洼地而开始涌入，或者庄家进场后再采取行动。

有时交易者所持有的股票的价格会陷入长期静止状态。一旦它们开始波动，很多人倾向于立刻将其抛出，以免其再次回到低迷状态。然而，这恰恰不是卖出的好时机，而应该趁机补仓，因为这种情况往往说明他人已经意识到了该股票价格低于价值。交易者最好等股价上涨 2 ~ 3 个点后，在其最高点下 2 个点处设置止损指令，并忽略关于该股的种种报告，等价格修复到应有水平或赚取足够利润后再收手套现。

以上操作方法，异地交易者和那些天天坐在办公室里的交易者都可以使用，前者在某些方面操作效果甚至会更好。一些交易大户还喜欢专门到远离市场的地方工作，比如肯塔基州的纽波特、纽约州的萨拉托加或者其他偏远地区，认为这样会有助于他们摒弃留言的影响，不带偏见地观察交易。异地交易者只要认真研究股票价值和市场环境，同时保持良好的耐性，一定能在股市中有所斩获。

空头操作

一位记者曾问到："您的理论认为，股票交易者每十年的交易周期中至少应该有五年用于空头操作。可我在卖出并不属于自己的资产时总觉得很不放心，您能解释一下为什么空头操作也是正常的交易吗？"

从过去 40 年的情形看，要是谁在半数以上的时间选择了空头交易，那真是太明智了。公众整体并不喜欢空头操作。股市的系统性风险有时会出现，从而给其中的操作者造成毁灭性打击。不过这种情况实属罕见，最多 10 年发生一次。

虽然我们已经多次解释过空头操作的原理，但此处还是要举例作进一步说明。

经纪人 A，按照其客户 X 的指示卖空 100 股联合太平洋铁路公司的股票，经纪人 B 作为对手方将其买入。经纪人 A 并没有持有这些股票，于是他找到经纪人 C，向他借了 100 股联合太平洋股票并给了其 10 000 美元现金作为保证金。这些股票由经纪人 A 交给经纪人 B，经纪人 B 同时向经纪人 A 支付 10 000 美元。现在我们来关注联合太平洋的股价。客户 X 想要结清账户时，会委托其经纪人 A 在 95 点的时候买入联合太平洋的股票，于是经纪人 A 又从经纪人 D 手中买入了 100 股该股票，并将其还给经纪人 C，赎回之前 10 000 美元的保证金。经纪人 A 把其中的 9500 美元给经纪人 D，剩下的 500 美元扣除各项开支，便是客户 X 在此次交易中的净收益。

在客户 X 观望市场动向期间，经纪人 C 有权使用经纪人 A 给他的 10 000 美元保证金，但需支付利息。该利息被称为股市拆借费率，通常会低于当时的抵押贷款利率。股市拆借费率越低，说明拆借该股票的需求越大，做空者需要格外留意这个数字的水平。

如果拆借某只股票的需求非常大，将不存在拆借费率。也就是说，经纪人 C 借给经纪人 A 股票，然后可以免费使用经纪人 A 支付的保证金，无须支付任何利息。如果对该股票的拆借需求继续扩大，经纪人 C 不但不用支付保证金利息，经纪人 A 还要给经纪人 C 一笔额外费用。当溢价率达到 0.0312%，则意味着经纪人 C 不但不用向经纪人 A 支付利息，而且还能得到每日每百股 3.12 美元的溢价。当然，这笔钱是由经纪人 A 的客户——交易者 X 来支付，同时他还得支付该股票可能产生的所有股息。

一般的业务很难通过拆借做空，股市中也很难通过卖出已分配债券或投资性的股票来做空。这是因为这类证券一般为投资者持有，难以被经纪人大量掌握，因此不容易拆借。不过，如果某只股票足够活跃，那么拆借起来一般没什么问题。

究其原因，无非是因为每个经纪人所操作的股票的价格为其自有资金的数倍。经纪人按票面价值代客户持有 100 股联合太平洋铁路公司的股票，所需的保证金中，一成来自客户自有资金，一成可能属于经纪公司，剩下八成都来自银行贷款。

因此，一位活跃的经纪人总是需要很多资金。当他通过银行贷款筹集这笔钱时，需要以贷款总额 20% 的比例缴纳保证金。但如果他能将股票借出，就可以得到该股票全部票面价值的资金，也不必用自己或客户的钱垫付了。所以，经纪人都愿意借出股票，尤其是当市场对某只股票拆借需求旺盛，导致股票拆借利率低于市场利率时更是如此。出借股票的经纪人不但没有任何成本，还能向多头客户收取 5% ~ 6% 的利息。

站在空头的立场上，这种做法也会让其操作十分安全。一般来说，拆借活跃股票就像借钱一样容易，借不到股票导致轧空的概率太低了，甚至比经纪人借不到钱的概率还低。

轧空有时是自然结果，有时是人为操纵导致的。当某些股东意识到大空头出现时，他们会说服其他所有者在几日内不要将其持有的股票外借，让空方因无法借入股票而产生恐慌。这么做的结果是，经纪人会被通知退还所拆借的股票，并且找不到其他能够拆借的地方，而日贷款利率很可能因此上升 0.25% 甚至更高。其结果是，做空者会提高警惕，开始补仓。股价由此被推高，股东因而获益。这样的轧空通常仅持续 2 ~ 3 天，直到高企的股价让持有者不断卖出套现或拆借给别人，股价也随之下降到比之前更低的水平。有时空方力量过于强大，股票在一段时间内都会维持溢价借出的状态。这通常被看作下跌的前兆。不过，支付的溢价和股息有时会超过做空获得的盈利，因此就算空方获得大胜利，股价大幅下跌，盈利空间也较为有限。据说古尔德先生曾做空纽约中央铁路股票四年之久，赚取了巨大的差价，结果一大部分都用来支付股息了。

选择做空某只股票的第一步是判断其股价是否高于价值，未来是否看跌。最好选取大公司表现活跃、上市时间较长的股票，这样的股票一般会有相对分散的股权结构，便于操作。该股票最好定价偏高，而且有分红下降的可能。

只要市场走势相对稳健，这类股票可以在股价上升时卖出，并在 4 ~ 5 个点的适度下跌中买入。如果大盘明显处于疲软状态，则应少量购买该股票，以希望股价高到短期震荡之外时也能获取一定收益。真正靠这个赚大钱的都是那些在最低点做多、最高点做空的人，他们往往会持有股票数月或数年后才伺机套现。

下跌中的投机机会

人们经常问一个问题："在熊市，所有股票都会一起下跌，还是只有部分下跌呢？"

这个问题可以从投机活动和价值效应两方面来回答。当市场下跌时，尤其是出现猛烈持续的滑落，所有的股票都不能幸免，尽管下跌的幅度不尽相同，但都足以被归为一次系统性的下行周期。在这一过程中，价值高的股票呈现的跌幅往往远大于价值低的股票。其原因在于，交易者同时持有绩优股和垃圾股等不同等级的股票，在突然被要求增加保证金或减少持仓时，往往会选择将手中市场表现最好的股票抛出。这类股票一般适合长线操作，它们无法创造短期收益，在市场恐慌时被大量抛售会导致其供过于求，除了那些还没意识到下跌行情的投资者，很少有人还对其抱有投资需求。因此，一只好股票反而会出现股价暴跌的情况，直到某些投资者重新对其产生购买需求。在 1901 年 5 月 9 日的那场股市危机中，特拉华 & 哈德逊公司（Delaware & Hudson）的股票便出现了这种情况，其股价在半小时内从 160 点跌至 105 点，创下了当时所有上市股票的最大跌幅。

因此，人们普遍认为，在股市整体悲观的环境下，没必要考虑个股自身的价值。无论是绩优股还是垃圾股，都将同样面对下跌的命运。不过，也会有一些明显区别，例如，一天或一周之后股市开始回温，绩优股往往会出现比垃圾股更大幅度、也更持久的反弹。还以特拉华＆哈德逊公司的股票为例，当交易者看到 5 月 9 日其 105 点的报价后开始争相买入，一小时后其股价又飙升到 150 点左右了。

时间越久，价值的意义越大。在某些时刻，一只内在价值高的股票和一只价值低的股票也许会有相同的市场价格，但经过六个月的交易和市场起伏，尽管其间它们的表现看似没有太大差别，最终价值高的股票将会高出价值低的股票 10 点左右。经过半年间五六次的波动，内在价值高的股票每次出现的下跌幅度相对更小，回升则相对更大。

以上形象地描绘了下次熊市到来时市场的表现。尽管在整个过程中绩优股和垃圾股的表现差别不大，但一旦整体形势有所好转，绩优股的优势将逐渐显现出来。

当股票价值发生重大变化，即便是熊市也会出现股价上涨的情况。在 1881—1885 年市场整体下跌时，曼哈顿铁路公司（Manhattan）股票的市值居然从 30 点上涨到接近原票面价值，这就是由于该公司的营业收入不断增长，大幅推升了该股票的价值。

实践证明，一个交易者不应该在尚未了解所操作股票的内在价值时便草草入市，同时交易者还应该具备能通过观察市场识别股票价值变化的能力。交易者应该对任意时间段的股票价格与价值的关系了如指掌。如果市场出现向下的趋势，交易者应该趁股价强劲时先卖出那些价格被高估的股票，并在下一轮大跌中重新买入。一旦市场出现反弹，应先考虑买入价格低于价值的股票，然后再伺机卖出获利。

在市场行情不明朗时，明智的做法是卖出那些价格明显高出价值的股票，而买入一些被低估的股票，用这两种交易对冲，直到整体趋势清晰起来。过去曾经流行同时做多西北铁路公司（Northwest）和做空圣保罗公司（St. Paul）的股票，结果往往都不错。

在1901—1902年，很多交易者的操作策略是在做多曼哈顿股票的同时做空大都会高架铁路（Metropolitan）股票或者布鲁克林（Brooklyn）股票。这种操作方法的主要思路是赚取差价，也就是说，假设交易开始时两只股票的价格相差10个点，当价差达到15点时结束交易，操作者从中保证获得5个点的净收益。这只是诸多情况中的一种。虽然市场总是处于上下波动中，但从长远来看，价格始终要回归价值。

全权委托账户

一位记者问："有人让我把股票账户全权委托给他，说可以保证帮我赚取丰厚的投资回报，并宣称他过去有过很多股市交易的成功经验。像他这种市场老手做这些事应该比我这个外行更擅长，您认为这种委托可行吗？"

我经常被问到类似问题，但很难解释清楚。业余投机者往往倾向于信赖华尔街的专业人士，认为他们深谙市场规律。这种委托方式的关键在于授权账户的操作者诚信状况如何。

实际上，华尔街的专业人士，甚至是那些参与核心交易的人，也不敢说自己能确切地掌握市场变化的规律。越了解市场的人反而越没信心，尤其是那些交易大户们，他们非常清楚股市中遇到的情况会有多么复杂和棘手。

交易者应注意：那些声称了解股市走向的经纪人，远没有认为股市在某种特定条件下将出现某种走向的人更可信。而那些游说他人将账户全权委托并称自己一定能够为客户赚钱的人可信度更低。首先，这种人不可能真的做到在股市中随时随地赚钱；其次，假设他真有这个本事，一定会自己炒股赚取暴利，而不会满足于区区 12.5% 的委托佣金。

股票交易所的监管机构不允许机构内成员对外宣称可以受理全权委托账户交易，而身为交易机构内的一员，谁接受了客户的授权交易，就意味着失去了同行的尊重，同行会认为这个人不诚实或者不够理智。

当然，这并不是说证券交易所永远不会受理全权委托账户，偶有例外发生，但交易所对此并不主动，也只有很少的账户申请能被受理，通常都是来自十分可靠的熟人，或者是非常了解投机，能以平常心面对亏损和盈利的交易者。委托人会放心地把账户授权给交易所，后者往往也会很严肃地对待这种委托。

当看到一些没有资本和名气的人在周报上大肆宣扬可以接受任何人的全权委托进行股市交易，只收取 12.5% 的佣金并保证年收益 25% ～ 250% 时，那些有实操经验的股民会感到十分震惊——居然真有人轻信这种宣传并汇钱到此类账户。

曾有个以全权账户代理进行诈骗的机构负责人表示，如果美国政府能对他的生意一直不闻不问，那他简直找不到比这更快的致富之路了。

法庭上出示的证据显示，这个骗子已经收到数千笔汇款的邮件委托，而这些钱没有一分被用在股票投资上。发布广告的骗子不属于任何一家证券交易所，他们除了坐等收钱甚至没有任何其他业务，一些小额资金通常会被作为"投机利润"返给其委托人。

这些骗子惯用的伎俩大致如此：有人汇来100美元委托其进行投机操作，不久后就会接到通知说已经赚了10美元，再过段时间，这一"收益"还会上升到15美元。这时骗子会建议"委托人"再追加100美元投资，这样可以抓住机会赚更多的钱，而收益也被骗子先"留存"起来。有的受害者倒是按要求拿回了收益，但这不过是为了吸引更多的人加入而发出的诱饵罢了。

这种"投资"往往以一场致命的市场灾难导致账户巨亏而告终，骗子会让受害者觉得自己在此交易中负了债但现在无须偿还，以此哄骗他们接受赔钱的事实。

投机并不能让人一夜暴富，尤其是相信那些所谓能确保收益的委托，再没有比这更快速的赚钱方式了。

亏损究责

最近我们收到很多这样的咨询："我于1901年5月9日买入了某只股票，随后又将其卖出。现在我的经纪人要求我支付超出保证金部分的损失，对此我有责任吗？"

　　这种情况在法律上并无明文规定。尽管此类情况出现过很多次，但每个案例都有不同的背景，每次裁决结果都只适用于个案，相互间缺乏足够的共性，因此无法形成法律条文。法庭一般会按照交易惯例进行处理。这些惯例尽管尚未形成法律，但也将影响未来法律的制定。

　　这类案件通常会视经纪人是否提前通知过客户保证金即将用尽。也许比较好的办法是，在需要保证金的交易中，假设客户在价格下跌过程中买入，则经纪人应该通知客户及时缴纳更多的保证金。如果在一段时间内没有收到回复，那么经纪人可默认其同意卖出股票并执行操作。法庭认为在这种情况下，经纪人已经给予客户充分的提醒，客户应该及时反馈并保护自身利益，而无权要求经纪人一直等到自己具体的操作指令后才行动。

　　与此同时，客户可能会认为储备过多的保证金以及事先预定股票何时卖出是没必要的，如果价格急剧下跌则立即亏本卖出。这种情况下，客户显然要承担损失责任，因为经纪人只是在执行交易指令卖出股票。但这又会引出另一个问题，经纪人是否有责任通知客户需要缴纳保证金，以及是否有责任通过其他方式保证客户利益？

　　另一种情况下，账户里的保证金可能由于突发的市场下跌迅速用尽，经纪人就得考虑在没有得到客户具体交易指令的情况下，是将客户的股票立即抛出，还是尽量保留其股票，等待客户自己做出更好的操作决策。

　　这类案件在裁决时更倾向于要求经纪人对其做法负责。此时经纪人有两个角色：一是作为经纪人接受客户指令进行交易，并赚取佣金；二是起到类似银行给客户发放贷款的职责，确保账户里的保证金和所购股票安然无恙。这两种角色的权利义务关系恰恰相反，从经纪人的角度看某只股票也许该卖出，但从账户安全的角度看则应继续持有。

一般而言，银行无权在不通知借款方的情况下出售贷款，除非双方在事前已有特殊约定。出于这一惯例，银行或其他机构在发放任何贷款时都会与客户签订正式协议，授权银行在贷款出现问题时，可以自行出售抵押物。实际上，当价格下跌时，银行会要求客户增加抵押物。但在市场恐慌期或者经纪人无法得到更多抵押物时，根据协议，贷款往往会被售出。

有些证券经纪公司会与客户签订一个类似上述的正式协议。交易者在开户的同时需签订协议，同意在保证金接近危险线时授权经纪人随意卖出股票。

这是一个能够明确各方权责的好办法。该类协议一般很灵活，因为在激烈的竞争中，经纪人不希望用一些非通用的限制条件把客户吓跑。不过，诸如本章开头提到的1901年5月9日发生的那种事件，还是让经纪人和客户更倾向于明确彼此的权责。

当日，股市发生的猛烈而迅速的变化让经纪人根本来不及通知客户追加保证金或者获得有意义的指令，在股票5分钟暴跌10点的情况下，10个点的保证金根本起不到任何作用。很多大型证券经纪公司发现11点到11点30分之间，很多客户的账户突然出现大量资金损失，幸亏马上迎来一波反弹行情，挽救了大批客户和经纪公司。"贷款"（无论大额还是小额）质量在很短时间内大幅波动，债权人甚至都没有将其出售的时间。

但当天仍然出现了不少由于临时抛售股票造成的重大损失，而且其法律责任始终存在争议。鉴于 1901 年 5 月 9 日是美国股市历史上十分特殊的一天，相关裁决也不得不考虑这一情况。股票交易所根据这种突发事件制定的规则会影响正常情况下的交易，但极端状况总有可能出现，所以有必要为此做好准备，形成清晰的应急机制。

在非正常状况来临，来不及仔细斟酌行动策略时，很难说哪些措施能避免损失。最终，在这次五月恐慌中受损的客户和经纪公司试图协商以公平的方式对分责任，法庭上那些熟悉市场交易的法官也往往倾向于给出相似的裁决。

专家解读

在互联网高速发展的今天，异地交易根本不是问题。对于空头操作，现在的普遍看法是空头操作的道德意义大于其获利的意义，所以鲜有人提及。在很多人看来，做空赚钱似乎是不道德的，但在本书第一章"专家解读"中我就讲过，金钱不用为它所带来的罪恶承担责任，做空的获利者同样也不必。100 年前投资大师威廉·江恩曾大胆推测，股票市场牛市和熊市的运作时间大体相等，类似于物理学定律的力与反作用力。但是很快后世的研究者就纠正了这一看法，指出熊市的持续时间总是大于牛市。本书的作者尼尔森认同前者，然而即便如此做空赚钱，在理论上也比做多赚钱的机会大。随着 A 股市场近些年的发展，做空的股指期货、指数基金以及融资证券的推出很大程度上缓冲了 A 股没有做空机制的矛盾。但是，人们似乎仍然直观地认为做多才是赚钱的正途。针对 A 股市场应不应该具有做空机制这一问题，我认为对于毫无章法的交易者而言，这只不过是一种快速赔钱的方式而已。因此，管理层在推出做空机制时也很注意节奏和限定条件，对于资金量没有达到需求的低风险承担账户，严格控制入市做空，这本身就是一种对中小投资者的保护。就问题的本质来说，A 股市场利用现有的做空机制做空，能不能赚到钱呢？答案是肯定的。融资证券在一轮牛市到达顶点之后的做空操作，肯定能获得丰厚的利润。但正如作者在本章所描述的那样，交易者一定要区分熊市的两个明显阶段：群跌期和分化期。群跌期做空操作获利迅速且利润可观，而进入分化期做空的盈利能力就会显著下降。最终，还是应该以个股的实际价值来判断价格的高低。

对于全权代理理财业务，我认为应谨慎为之，理由有以下两点。

第一，有些交易者在一两次斩获行为之后，信心会异常膨胀，以为快速致富的时机已经来到，等真的找到了代人理财的业务，能够善终的几乎没有。

第二，有些投资者通常会有暴富心理，曾有一位友人问我，这些钱放在你这里，一年能翻番吗？我说不能，20% ~ 30% 应该能保证。他随即不再开口，因为在他看来，20% ~ 30% 这样的数字距离自己的期望值实在是太过遥远，还不如自己投资买房或买商铺。他们希望最好三个月就能翻番。所以综合考虑，投资者决不能将自己的财富随意托付给他人。

第六章

投机交易的四大影响因素

一旦进入交易，就是一种永无休止的修行，这条路上，无数的人掉队或者偏离了交易的正确方向，能坚持下来的实属凤毛麟角，而那些跑偏和掉队的人，绝大多数都注定是平庸的交易者。

危险的周期

一位记者问："商业危机和股市危机的发生都有一定的周期，是这样吗？"

事实的确如此。商业的发展总是从一个极端演变到另一个极端，要么在看淡未来经济发展前景时收缩业务，要么在对未来看好的情况下进行扩张。每隔五六年，公众就会从"没什么指望"发展到对未来充满信心，再过那么几年又回落到期初的消极状态。

杰文斯（Jevons）教授曾对英国的十年周期现象做出详细的阐述，以此证明太阳黑子对商业活动存在影响。我们暂不在此讨论太阳黑子给农作物、商业和人类精神状态带来的影响，但杰文斯教授对于过去200年间英国经济萧条具有周期性特点的阐述是正确的。

杰文斯教授整理了英国发生经济危机的年份：1701年、1711年、1721年、1731—1732年、1742年、1752年、1763年、1772—1773年、

1783 年、1793 年、1804—1805 年、1815 年、1825 年、1836 年、1847 年、1857 年、1866 年以及 1878 年。

以上数据无疑是对"十年周期论"最好的证明，美国在 19 世纪的经济状况也充分证明了这一观点。

1814 年，美国爆发了首次经济危机，正值美国第二次独立战争期间，其直接原因是当年 8 月 24 日英军攻占了华盛顿，费城和纽约的银行纷纷宣告破产，一时之间举国上下危机弥漫。与此同时，1808 年颁布的禁运法案致使对外贸易锐减，公共财政入不敷出，以及大量兴起的州立银行在缺乏准备金的情况下滥发货币，这些因素都加剧了此次危机的影响。

1819 年，美国又出现了一次通货紧缩。此前的货币超发催生了严重的投机行为，而这时的通货紧缩又造成商品和房地产价格的大幅缩水。然而到此时为止，这些危机还仅限于单纯的钱荒。

1825 年，欧洲经济危机导致其对美国进口需求量减少，继而直接造成了美国 1826 年物价下跌和流动性短缺的情况。不过，当时的形势并不严峻，更像是经济停滞而非其他更糟的情况。

1837 年，美国爆发了一次严重的经济危机，其诱因有很多：危机爆发前，美国的二三产业发展迅速，大量新公司成立；农产品短缺，面粉基本依赖进口；政府不愿放开联邦银行特许权，造成全国银行业巨变，公众纷纷将存款转至国有银行，这样一来滋生了很多非正常的投机行为。

1847 年，欧洲又一次出现经济危机，但并未对美国经济造成太大影响，尽管当时还爆发了墨西哥战争，但粮食出口的增长和之后两年涌现的掘金潮一定程度上抵消了其带来的负面影响。

1857 年，经济危机从这一年开始直接上了另一个量级。当年 8 月，俄亥俄人寿保险及信托公司宣告破产。尽管此前已出现数月物价下跌，但大型铁路正在各地兴建，银行准备金率也处于低位，通货流通状况良好，因此这次危机的到来十分出人意料。该时期的显著特征是企业的大规模倒闭，10 月，银行也开始纷纷宣告破产。

1866 年，伦敦的欧沃伦格尼银行（Overend, Guerney & Co.）的破产是当年那场经济危机的标志，期间还伴随着股市的大幅下跌。4 月，密歇根南部出现货物大量积压，投机行为猖獗，随后经济走势异常反复。

1873 年 9 月同时出现了经济危机和金融危机，起因是固定资本投资的大幅增加。当时商业正处于高速扩张，货币供给严重滞后于茂盛的需求，随后出现了信用体系崩溃，国家陷入了严重的经济萧条。

1884 年仅出现金融危机，股票崩盘，但没有波及经济。经过一系列股价暴跌和一年内支票交易额的衰减，当年 5 月，海丰银行（Marine Bank）、大都会银行（Metropolitan Bank）和格兰特银行（Grant & Ward）纷纷宣告破产。而持续数年的"铁路战争"也是危机产生的原因之一。

1893 年的经济危机由多种因素造成，包括美元走势的不明朗、外资的流出以及对关税法案的恐惧等。其中，美国能否继续维持金本位的货币政策是首要原因，因为这一条将直接影响到其他各方面。

从历史经验来看，未来几年我们至少会迎来一次股市危机，不过应该是类似于 1884 年那样的小范围的危机，而不会再出现 1837 年、1873 年或者 1893 年那种大规模危机。

股市评论

　　股市和报纸的关系往往被人误解。不过，随着投机行为的增多以及公众对此兴趣的增长，报纸已经能够很好地满足人们对这些信息的需求。过去40年，那些关心股市的人一直认为只需要看到开盘价、最高价和最低价就足够了；随后出现的日交易详图很快取代了这种原始的办法，并被登载在晚报上。它以表格形式打印，涵盖了自动报价机当天的每笔交易情况。股票交易所关门20分钟后，登载这种详图的报纸便会出现在大街小巷，仅售一便士。这项报业的大发展要归功于今天的《太阳报》（*The Sun*）和《纽约太阳晚报》（*The Evening Sun of New York*）的老板，他们很快就意识到为公众提供股市信息服务是非常有价值的，而且只需要极低的成本。这种信息服务足够精确，甚至获得了法院的认可，其可信度不亚于股票交易所直接提供的信息。

　　每家报社都会指派员工入驻华尔街。华尔街自己也拥有两家声誉极好的新闻办事处、多家财经日报和一些周刊。

　　股市评论很大程度上代表评论员个人观点或者所属媒体自己的立场。一家晚报的市场观察可能是一篇关于货币市场的学术研究，股市在其陈述主要观点时仅仅处于从属地位；有的报刊只是对造成股市震荡的因素略加评论，仅限于常识性的解答；有的报刊则二者兼顾，在经济评论的同时还佐以读者最关心的问题——某只股票上涨或下跌的原因。大多数股评家更倾向于做出乐观的预测，但也有一些股评家持保守态度或悲观看法。至于评论者是诚实可信还是被收买，就全看其个人的道德水平和所处的环境了。

可靠的股评家通常不会妄加预言。不过，在盘点市场时，他们总是倾向于得出一些积极的结论。也就是说，他们更容易站在利好的角度去维护股票持有者的利益。这样做除了更容易获得读者的赞同，也是考虑到自己的立场，所以再自然不过了。

有些评论员会早早意识到即将来临的金融风暴，向市场发出预警。也有些评论员因为目睹了太多的股票投机和人类贪婪过头的行为所造成的风险，变得难以对阶段性的股票市场做出合理判断。还有一些人，自己参与投机或者被庄家收买，他们会为了金钱利益写出一些虚假或有误导性的文章。

一篇股市评论应该信息准确并且有据可循。如果评论不准确、不合理，或者太过激进，背离了既有惯例，那么读者最好忽略它。相反，准确合理的评论则值得被参考。

被收买的文章很好识别。如果某篇评论声明的事实不能被证实，或者预言被证明是假的，再或者能明显看到出版机构操控的影子，那么该评论多半不太可靠，充满误导。

市场操纵者收买评论员的方法通常是给他提供一些观点、新闻和"小建议"，或者是一定数量的认购期权。庄家要是想拉涨某只股票，往往会尽力笼络一些股评家。这时，有些作者便会利用自己的专栏或报纸参与投机，为这些合法或不合法的活动服务，以此获得一点小报酬。

通常，庄家的伎俩会通过以下两种方式实现。

（1）对于单独的股评家，为其提供被操作的股票的认购期权。作为回报，个别股评家会同意对其股票进行吹捧或爆出利好信息，或者更简单，直接刊登误导性文章促使读者购买该股票。这里的认购期权意味着认购者可以特定价格（通常低于市场价）从庄家处买入一定数量的股票。股价下跌时，认购期权没有任何意义；但如果股价上涨，认购者就可以赚到认购期权标价与现价之间的差额，或者以被行贿的庄家所希望的其他方式终止交易。

（2）庄家可能会找一位记者作为众多媒体的代表，并授权其全权负责交易。这位代表有权按照自己的判断在最佳时机出售手中的期权。有的期权行使后能带来丰厚的收益，也有的最终会变得毫无价值。期权持有者没有任何撤回或索赔的权利，也不敢大肆声张，否则一旦被公众知道这些幕后交易就麻烦了。

不过，必须承认，这类腐败非常容易曝光。有时公众甚至都无法意识到报纸对其的保护程度。华尔街的金融记者们大多是诚实的人，比起靠这些赚钱，他们更愿意说出事实。

股市评论员需要寻找和解释当日股价波动的理由。股票的价格波动一般比较一致——要么整体上涨，要么整体下跌；也可能没什么规律，某只或某组股票大涨，而其他股票却在跌落；还有一些会处于盘整状态。评论员必须挖掘出导致这些股票价格变化的主要原因，包括一些人尽皆知或不为外人所知的原因。有时候被媒体报导出的原因只是表面现象，真相却被掩盖起来。投机者可以通过研究股评家的文章来了解其观点的可信度，并依此得出自己的结论。

投机者经常批评90%的报刊都是对市场趋势看多的。确实存在这种情况。曾有一位财经日报的编辑认为未来股市会下跌，他日复一日诚恳地向读者阐述自己的观点，而股市也的确下跌了。然而，他负责的报刊在股市下跌的同时失去了订阅率，这引起了他的重视。某日，他收到一家大券商将不再续订其报刊评论板块的通知，他去找证券公司的业务经理询问原因，对方回答："你们的市场观点太糟糕了，我们的所有客户都看多市场，他们看到你的文章后从中发现了不少错误，这让他们很生气。"

"但我的市场观点不是应验了吗？"

"那我就没办法了，我们不能对这么多客户的抱怨置之不理。"

业务经理还警告这个编辑，不要再继续发表对股市的消极言论，否则会惹上大麻烦。

这个例子说明，无论是投机者还是局外人，相比对熊市正确而严峻的提醒，公众更愿意购买市场态度积极的报纸。

刊登在报纸上的市场评论价值的大小取决于评论者的身份，即评论者是投机者之一，还是局外人。绝大多数评论者都会参与市场交易，相比之下，那些置身事外的评论者更容易给出不偏不倚的建议，就像不参与投机的经纪人的建议要比投机者更中肯一样。

股市评论者多少也会进行预测。一般而言，评论者的股市经验越丰富，其关于股价趋势的预测就越消极。投机者会发现，报纸评论者往往会从两方面对股市进行阐释，最后给读者的感觉就是：大盘（或者个股）要么上涨，要么下跌。面对复杂的股市行情，这是最简单的一种预测方式，同时还让读者很难对其准确性提出质疑。

华尔街有两家活跃的媒体，它们每天刊发大量的短讯、数据、评论、预测和流言。交易者们会发现，其观点往往相互矛盾，因此很多人只选择阅读那些明确的信息。不过，这些媒体都在尽量追求真实和准确，华尔街也的确离不开它们。此外，每天闭市时，各家机构会在当日发布的市场解读中做出声明：记者自负文责。

投机新手要学会区分新闻机构的不同言论。媒体总是希望将其能够搜集到的所有信息都刊登出来，以供读者参考，因为各种市场因素千差万别。例如，一家权威银行行长发表的声明要比某位"著名银行家"发言的可信度更高；同样，一位铁路系统官员以其个人名义做出的行业行情预测要比投机者的相关预言更可靠；而对于铜、铁等其他工业板块的行情评论，更需要了解评论者的身份、名声及其合伙人；农产品报告往往因其充满误导而臭名远扬。总之，投机者必须以审慎的态度阅读金融类股票的评论和相关统计数据。

华尔街会滋生流言本身就很奇怪。媒体的职责是把已被证实的流言公布于众，也就是说，在某个说法广泛流传前应先得到证实。但媒体常常忘记这一点。正如老话所说，"山雨欲来风满楼"。

我们引用 Alphabet 矿业公司的例子来解释这一点。假设该公司计划在某月 15 日召开股权分红会议，由于目前公司经营不善需对分红方式做出调整。在此之前该公司股票的年分红率为 6%，于是，在该月 10 到 15 日之间，市场谣言四起：

（1）新分红率已获批；

（2）分红率将降到年 4%；

（3）某董事表态公司经营情况并没有想象得那么糟糕，故将继续维持现在的分红水平；

（4）分红率将降到年5%；

（5）董事会将推迟决议。

诸如此类。还有的说法是如果要提高分红率，还将继续召开一次铁路会议，或者公司股权结构可能发生变化等。总之，传言的制造者在开会之前根本闲不下来。

恐慌时期的股票评论员如果去华尔街晃悠一圈，随处都会碰到各种想告诉他小道消息的人，如某某券商"身陷泥淖"等。这类不实消息会对媒体造成很大伤害，所以评论员们必须马上用智慧和辨别力将谣言扼杀在萌芽状态，否则形势将变得很难掌控。

当人们对纽约、波士顿和芝加哥的专用线路习以为常后，波士顿和芝加哥也成了许多华尔街谣言的源头。尤其在芝加哥，谣言的制造者最爱用那种老掉牙的噱头："据报道，某某不幸逝世。"这里的某某可能是美国总统，或者其他任何能马上引起关注的名字。波士顿的谣言制造者最爱编造那些工矿业和铁路股的交易神话，其想象力和表达天赋简直堪比印第安纳的小说家。

很多评论者都掌握了鉴别传言真伪的窍门。对那些以"我听说"、"他们说"、"据说"、"有些身份不明的人说"或者其他类似说法开头的话，基本都不会相信。如果言论直接出自那些权威人士之口，没有经过他人传播，那么倒是值得研究一番。制造传闻的人最清楚其真伪。投机者可以研究一下传闻的相对价值，学会利用这种市场效应。投机者要始终记住：

90% 的传言都是假的，但它们和真话一样影响着市场。

总之，财经作者们并不指望读者完全听信他们的观点。其写作目的并非很多小投机者所想的那样（要让读者在投机活动中盈利或亏损），而仅仅是对影响金融和经济环境的多种因素进行探讨，给出合理的解释，进而做出公正、慎重的判断。

投机者应该记住，财经作者都有自己的理论和偏好。无论是正确、错误还是中立的判断，都只不过像医生对病人做出诊断一样。与医生不同的是，他们不会为投机者开出药方，也不会为自己的错误判断负责，最后买单的只有投机者自己。

《华尔街日报》的一位记者这样问："几乎所有媒体的财经文章都倾向于对市场看多，我也是这类文章的老读者了，虽然对股市没抱太大期望，但报道总是这样。您能解释一下其中的原因吗？"

回答这一问题前，我要先解释一下什么是"看多者"，什么是"看空者"。"看多者"就是持有某物，并期望能以高价将其出售的人，他们当然会迫切希望价格上涨；而"看空者"，则是希望能以低价买入的人。

华尔街市场交易的目的只有一个，即以发放有价证券的形式募集公众资金，银行家们也会活跃地参与到证券的生产和销售过程中，其主要工作就是卖出证券并获得现金，然后放在自己或其他银行家的账户里，从中收取佣金。有时金融机构并不那么渴求公众资金，但为了金融界的整体利益最大化，他们还是会希望保持一定的市场热度，从而刺激大众的证券需求，纷纷以现金发起购买。

因此，在丰厚利益的诱惑下，各金融机构总是需要公众对股票市场保持旺盛的需求。他们总是希望大众放松警惕，也愿意和相关方一同刺激公众的投机意愿。这也是无论在繁荣还是萧条时期，报纸刊载的文章普遍积极乐观的原因。这已成为华尔街的一条格言："只要能带来哪怕短期的上涨，公众和华尔街才不在乎消息的真假呢！"

大众并未意识到，也许最终也不会发现所有重大金融交易都只是在按照华尔街的规则和意愿进行。在精明的金融家和一些无耻的投机者面前，公众总觉得自己是无助的。他们从来不知道，正是他们自己掌握着市场的命脉。没有公众资金，那些大财团什么都不是。如果大家能稍微多学习一些市场数据和价值判断，就能挽回很多损失。股票和债券的最终目的都是售给大众。庄家也许能在交易所风生水起，制造一些虚假交易，但如果大众不愿意掏钱购买证券，他们就只是在做无用功。

当然，片面地说股市评论总是为了大财团的利益而唱多，这并不公平。对事物保持积极乐观的态度是人类的天性，一般来说，证券价格上涨对公众和商业都有利，所以看好未来总比悲观消极好一些。尽管如此，对市场唱多的人确实多了点。通常情况是，大众直到最后一刻还在欢欣鼓舞，一旦市场危机，开始出现大量亏空，他们能得到的只有温和的指责，指责其没有提前预见到困难。

具有适当的怀疑精神在股市投机中十分重要。经历过一两次股市危机的人都知道，想当一个成功的投机者，第一课就是要学会避免由恐慌造成的灾难。恐慌的实质是把过度交易者清理出市场。危机会卷走一切，再大的账面利润也没用。而避免陷入危机的惟一方式则是，无论何时都要保持稳健和适当的怀疑精神，有时必须主动放弃一些赚钱的机会，目的是在牛市的号角吹得最响的时候抛售股票获利。如果你能明白这些，就可以在市场中搏一搏了。

投机者的地理位置

一些活跃的投机者往往把自己不成功的原因归结于缺乏优越的地理位置。也就是说，在市场交易方面，场外交易者认为股票交易所的会员比他们更有优势。他们认为经纪人是在"现场"操作股票，这样和市场关系更为密切，所以相比之下赚钱的机会更多，所冒风险也更小；然而事实并非如此。实际上，经纪人和投机者的目标都是一样的——赚钱，只不过他们所处的位置和采用的方法不同。

为自己交易、无须支付佣金的交易所会员，的确要比身在纽约、芝加哥或其他地方的远程交易者享有更大的优势。我们以一个年轻的小伙子为例，他是芝加哥人，毕业于哈佛大学，打算从事股票交易职业。他的父亲是个成功的交易商，非常赞同他的选择。于是，这个小伙子开始在芝加哥连线纽约证券交易所进行交易，结果赔了。他认为某些条件限制了他的交易，而这种情况是可以改善的。例如，股价从交易现场传到自动收报机已经耽误了，然后又要从纽约传到芝加哥，接着在芝加哥市内分布开又延误了时间。反过来，当他把交易指令从芝加哥传到纽约的时候，延误还在继续，几经周折才最终传到交易所，指令才能得以执行。虽然在上述过程中所用的交易设备已经很先进了，延误的时间极少，但对于需要迅速转手的交易商来说，显然会清楚地意识到此过程中自己所面临的不利情况。

于是，这个小伙子离开芝加哥来到纽约，在一家股票交易所办公室里进行交易，随时都能查看或者研究实时行情。可惜，这份真切的或是他想象出来的优势并没有给他带来丰厚的利润。在尝试了场外交易后，他购买了股票交易所的会员身份，成为了一名日常交易商。现在，他可以随心所欲地研究经纪人个体和群体在执行交易指令时的习惯和方法、交易行情以及那些扰乱市场的传言背后的相对价值。他的早期投机一点都算不上成功，他头脑发热时买入的麻烦股票，还需要他父亲出面帮忙处理。

然而，仅仅过了一年，这个小伙子已经成为赚钱高手，完全可以在危险的股票市场上打拼，以此谋生了。就像他曾经期望的那样，他已经克服了远距离交易的种种劣势。

人们通常会认为，不是所有交易商都能成为股票交易所的会员，只有某些具备特殊气质的人才能成为一个交易商兼经纪人，非会员投机者往往缺乏这种特质。场外交易者可能会觉得，对于一个有能力的经纪人来说，一间安静的办公室，一台行情自动收报机再加上当天的报纸，就足够媲美交易所会员所具备的那些优势了。比起交易所的嘈杂和混乱，经纪人更需要安静的办公室，然后坐在行情收报机旁边，细细地研究买卖、供需和市场趋势这些专业交易商必须精通的东西。至于那些因为场外交易而产生的延时，也可以通过冷静地读盘后迅速下达的指令来弥补。

还有人认为，在办公室进行交易操作能听到很多会影响市场的小道消息。有些办公室里的消息可能是流言，而有些消息就比较可信。一些办公室有可靠的消息源，比如与某家在交易所驻扎的媒体评论员私交甚好，或者和某些大投机商号或银行集团的关系很近。成功的场外交易商都知道，市场交易离不开快速决策、准确判断，同时还需要可以自由支配的时间。

同一个市场中充斥着不同的交易者。经验证实，交易者因个性各不相同，下结论的角度会不同，所需的条件也不尽相同。无论是选择场内交易，还是在纽约某个环境优渥的办公室内进行交易，都各有利弊，总体衡量下来相差不大。

我们不妨假设两个经纪人都是股票交易所的会员，其中一个执行自己的交易指令，卖出每 100 股的交易成本是 1.12 美元；另一个委托交易所其他会员执行交易指令，每 100 股交易成本为 3.12 美元。在每 100 股的交易中，前者占有 2 美元成本优势。对于一个场外交易者来说，某交易所会员费为 75 000 美元，按照 5% 的利率贴现，若要成为其会员，他第一年需要支付的费用是 3750 美元。为了不亏本，他必须在一年中赚回这部分费用。

场外交易者虽然没有这笔固定开支，但如果交易量非常大，那么佣金开销很快就会超过交易所的会员费。不过，一般的交易商每年的佣金支出不到 3750 美元。因此，是否加入会员，需要交易者视自己的情况而定，他们很容易知道哪种方式更合算。

将成功的场外交易商与成功的交易所会员的数量进行比较，并不能得出任何准确的结论。交易所会员上限为 1100 人，而场外交易商的人数要多得多，所以成功的场外交易商一定比成功的会员交易商要多。但如果仅比较 25 个会员交易商的账户和 25 个外部交易商的账户，你会发现会员交易商更有优势。

综上所述，我们会得出这样的结论：身为交易所会员、直接在交易大厅或交易所办公室进行交易的人，要比场外交易者（也许在纽约，也许在其他城市）更具优势。

从华尔街的经验看，无论是合法的经纪人还是投机商号，一个非交易所会员的场外交易者很难在市场上获得大的成功。他们常常沦为赌徒，在种种不利的条件下，每把下注都要付出 25 美元的成本，另外还要支付账户利息。不过必须承认，这种业余交易者的风险相对较小。尽管从长期看他们肯定会亏空，但偶尔为之的交易一般会相对安全。

性格与才能

性格冷静的人往往赢得起也输得起，如果同时还具备一些其他特质，那么这样的人最适合参与投机。但这并不意味着投机高手们都不会紧张。事实上，大多数成功的投机者经常处于焦虑之中，很多甚至还深受其带来的疾病的困扰。在紧张的投机行为中，匆匆进食、经常性不规律的饮食习惯会导致消化不良。例如，有人在开市时间根本无法进食，有人只能少吃一些好消化的食物，有人无节制地抽烟、喝酒却不吃饭。当然，也有人无论交易盈亏都能轻松享用美食，显然这种人更适合做投机。因为，规律的生活会让人更有活力，只有身体健康才能头脑灵活，因此健康对投机者至关重要。

有个非常聪明的年轻人，从他父亲那里继承了交易所的会员身份。

他父亲原本也是个成功的投机者，却因某次交易失误而大病一场，郁郁而终。这个年轻人在赚钱的本领上一点都不逊色于他的父亲，但他却患上了更加严重的精神疾病，他不得不每隔一段时间就离开华尔街去其他地方休息放松。

一位股评家提出了五个投机者需要具备的特质，并按重要程度进行了排序，具体如下所述。

1. 独立

投机者一定要独立思考，相信自己的判断。乔治·麦克唐纳（George MacDonald）曾说过："一个人不能占有他人的思想，就像不能占有他人的灵魂和身体一样。"相信自己是成功的基石。

2. 判断力

对于投机者而言，必须适当平衡自己的各种能力，这样才能做出正确的判断。

3. 勇气

勇气是把决定付诸于行动时的信心。法国革命家米拉波（Mirabeau）曾说过："要始终坚持勇敢。"

4. 谨慎、机敏

谨慎和勇气要相互平衡，三思而后行。弗朗西斯·培根（Francis Bacon）说过："首先要细心思考，然后再果断决定，最后坚忍不拔地执行。"这些特质能够融合成一个词：机敏。心之所至，行必践之。莎士比亚（William Shakespeare）的经典著作《麦克白》（*Macbeth*）中有句著名的台词："我的心一想到，我的手就做到了。"作为投机者，一定要先思考，后行动，而且动作要快。

5. 柔韧

柔韧是指改变观点的能力，即改变的力量。爱默生（Emerson）曾说："观察之后仍在观察的人，值得敬畏。"

以上五个特质都是投机者应具备的，同时要在各种特质之间取得平衡。任何一种单一的特质在一个人身上体现得过强或过弱，都会影响其整体效果。当然，合理利用这些能力是很困难的。投机和生活一样，辉煌只属于少数人，剩下的都注定平庸。

专家解读

关于周期，杰文斯和江恩都有自己的观点。即使是最为普通的经济活动参与者，也能明显地感觉到经济的繁荣与萧条。人类社会的经济活动有高潮期和低谷期，这是不争的事实，有争议的在于周期的时间跨度究竟有多长。随着人类社会的发展，人们不得不更正已有的经济周期理论，特别是时间跨度。因为在某些年份，周期爆发得很频繁，而有些年份却没有。多次更正经济周期时间的结果是，人们逐渐对经济周期失去信任。我认为，对于经济周期正确的观点应该是迎合它，而不是去预测它。这就跟天冷了要多加衣服是一样的道理。投机者不必纠结于危机有没有在计算好的年份发生，重要的是它是否发生了。

关于股评，到底有没有能准确预测市场和个股的专家呢？我认为，对于大盘不确定，但是对于个股一定有。市场一般牛熊参半，而且熊市往往比牛市多，如果一位专家在媒体上天天喊空，即便是正确的也不会讨人喜欢，尤其是在 A 股这样的单边市场。那么，如何看待股评呢？对此我和本书作者的观点一致，即无论股评家如何讲，最终操作买单的只能是你自己。

关于投资者所处的位置，是否不同的位置具有不同的优势呢？这一点不可否认。场内股票交易者比场外通过互联网参与的交易者更具优势，无论速度和对报价的反应都是场外交易者无法企及的。但是，交易者完全可以根据自己所处的不同位置，采取不同的交易策略。适合自己的才是最好的。例如上班族，他们没有时间经常看盘，因此应以价值投资为主。无论场内还是场外，都会有各种各样的消息满天飞。真正的交易者应该客观地根据 K 线进行交易，无视小道消息以及传闻才是王道。

至于性格和才能，尤其是聪明与否、智商是否上乘，这些都是投资中最不重要的因素。一旦进入交易，就是一种永无休止的修行，这条路上，无数的人掉队或者偏离了交易的正确方向，能坚持下来的实属凤毛麟角，而那些跑偏和掉队的人，绝大多数都注定是平庸的交易者。一位不知名的交易者写下了这样的感言："你必须独自承受上帝的奖赏。"是的，独自！

第七章

投机交易中的机构与个人

交易者一定要认认真真地做好研究，股市没有救世主，如果你寄希望于他人，那么你就不适合在股市中生存，不论输赢，整理好自己的本金，离开吧！

经纪人与客户

　　和公众打交道的经纪人有两种：一种会参与投机，另一种则不参与。

　　投资人最好选择那些自身不进行投机活动的经纪人。比起参与投机、跟着市场摇摆不定的经纪人，这类经纪人更能做到不偏不倚，其观点也更有价值。如果经纪人深信自己的判断无误，客户的利益又与他自己的利益相一致，那么他就会给客户提供最合理的操作建议。

　　就像医生给病人开处方通常可以药到病除，但一般不会给自己和家人诊断一样，一些经纪人也承认，尽管他们经常给出他人成功的操作建议，但自己亲历市场时却经常惨遭失败。许多股票经纪公司在与经纪人签署协议时都会明确规定，公司员工不得从事市场投机，而客户也更倾向于雇用这种公司的经纪人。经验表明，只有这样才能最大限度地降低委托交易中的风险。大客户一般也会选择这种经纪公司为其执行市场操作，从而提升交易的独立性，以及确保保证金账户的安全。

有的交易者认为，如果某经纪公司与市场中的庄家有关联，那么交易成功的概率会大大增加。这种想法是很不错，但交易者必须记住，对于经纪公司来说，客户的利益永远排在次要位置，一旦出现紧急状况，经纪公司将毫不犹豫地牺牲客户利益来保全自己。

如果可能的话，股票交易者应该好好研究一下自己的经纪人。正如人的相貌各不相同，每个经纪人的思维习惯和道德标准也都不同。有的经纪人会先了解客户的市场期望，然后再给出相应的建议。我不止一次听说，经纪人为了促进客户交易，有时会给出相互矛盾的操作建议。例如，A 向其经纪人透露出看多的预测，就被经纪人建议买入某只股票；十分钟后，B 被同一个经纪人建议抛出同样的股票，只因为他向其表达过对该股票未来价格不看好的观点。结果是，两个交易者都在市场的微震中赔了钱，而这个经纪人却赚了不少佣金。实际交易中，确实有这样的经纪人，他们昧着良心促使客户交易，但也很容易被察觉。

投资者开户时一定要留意经纪人的名声如何，是老手还是新人，过去做得是否成功，客户的留存度怎样，以及操作建议偏向于大胆还是保守等。

经纪人应对交易中的紧急情况保持冷静，不要让客户的损失影响自己的判断，否则将会十分危险。经纪人需要用冷静的头脑来掌舵，在恐慌时尤其如此。如果经纪人只顾同情自己的客户，那么他很快就会出现精神崩溃，要么离开这一行，要么突然发现自己已变得一文不名。某位已有 20 年从业经验的成功经纪人，他用个人资金为客户补上的小额保证金累计高达 10 万美元。在谈到这个问题时，他表示如果重新开始，他未必还会这样做。他说："很少有客户会领情，这种做法对经纪人和客户并不好。"

诚恳能干的经纪人还是愿意帮助客户多赚钱的，让客户获利是他们最好的广告。经纪人会按照客户的心智、经济能力以及对市场和个股的态度，设法提出一些能让客户赚钱的建议。

投机商号

投机商号就是赌股票上涨或下跌的地方，下注者在其账户里存入1%～10%的保证金，指定买入或卖出某只股票。交易员收取保证金，在名义上买入或卖出这只股票，实际并无任何真实交易发生，相当于投机商号和交易员与客户进行对赌。如果客户赌对了，交易员便按自己能够承受的损失进行赔付；如果客户下注失败，其损失的钱就成为交易员和投机商号的利润。

投机商号的经营理念是，从长期看，经常进行股票交易的人80%都会亏钱。但他们希望能借此赚回损失的资金，也会心悦诚服地相信一般投机者的看法：市场是无法被战胜的！

投机商号的经营历史已超过25年，相关机构已经采取多种措施试图抑制其发展，但均告失败。多年以来，它们的发展突破了往日的局限，规模也不断扩大，保守统计，每年以这种投机赌博的形式涉及的盈亏金额至少有数百万美元。20年前，整个华尔街和纽约只有一家有实力的投机商号，其经营者路易斯·托德（Louis Todd）是新英格兰人，他最早在百老汇 44 号创办了商行，后来一直扩展至新街附近。无数潦倒的投机者和小职员在此赌博，托德作为赌局的后台赚得盆满钵满。他用一部分利润在百老汇创办了两家酒店——马尔堡酒店和温登酒店。后来，成为百万富翁的托德退出了商号经营。新街上又涌现出数十家小型投机商号，有些甚至比华尔街附近的贫民窟好不到哪去。这些投机商号由贫贱的赌徒经营，有时营业一周就关门歇业，老板携着"客户"的资金溜之大吉，一两周后又改头换面在别处恢复经营。偶有个别投机商号在经营不善时会依法申请破产，这种情况下投机者的损失能受到法律保护，但很少有商号会这么诚实。尽管欺诈性破产太过频繁，但我很奇怪当时的刑法并未对这种近乎赤裸裸的"抢劫"施以重罚。

自 1890 年起，投机商号的队伍不断壮大，现在已经成为股票投机交易中一股重要的力量。普通投机者甚至很难鉴别哪些投机商号是合法的，哪些又是非法的。

投机商号可分为以下几种类型：

（1）迎合本地交易者进行限额交易；

（2）以银行业务公司之名大肆宣传，没有股票交易所会员资格，通过本地函寄订单或大城市专线进行交易；

（3）拥有交易所会员资格并据此开展经营；

（4）以城乡投资者为目标群体，进行专线远程交易；

（5）在良好名誉掩盖下偶尔进行非法投机。

第一类投机商号的特点是其经营者无须担负任何责任。开办商号仅需 100 美元，至多 1000 美元，有时甚至完全是空手套白狼。只要赌徒向其下注并赔钱，商号就能维持运营，但很少能发展到可以付清投机者存入的所有保证金的交易规模。5 股一组的股票交易在这里最受欢迎，10 股一组则是上限。保证金的最低额度为 1%，最高为 2%。佣金率为12.5% 或 25%。当保证金不够时，下注者也可以选择增加保证金。

第二类投机商号在 1896—1902 年倒闭了很多，原因是股市上涨，只有财力雄厚的几家挺到了现在。它们的客户对其投机方式非常满意，觉得和普通的合法公司没什么不同。它们大多有体面的办公场所，花费在广告宣传上的钱高达数千美元，还会给潜在的投机者们发放昂贵的图书和小册子。

第三类投机商号认为，交易所的会员资格对于其经营有着非常重要的意义。它们对订单进行交易匹配，并认为自己在某种程度上要比同行更优秀一些。

第四类投机商号是专线投机商，往往在华尔街设立总部，并租用一系列私人专线传输报价单。他们的员工薪资由基本工资加利润分成构成。商号老板往往会掩藏投机商号的身份，比如会用一些类似"纽约股票交易委托公司"这样的名头。有时它们雇用的电报员多达数十人，接单也不仅限于股票，还有谷物和棉花等农产品交易。人们可能认为与这种投机商号合作赚钱更容易，但由于外地的投机者缺乏经验，所以很快就会赔钱。

第五类投机商号尽管也会在金融危机中以投机方式运营，但他们却耻于这种身份。从整体看，他们并不能算典型意义上的投机商号，这类商号都在股票交易所拥有会员席位，在这里投资的通常都是持有很多股票的大户。当下跌在所难免时，商号会要求客户清仓，但往往被客户忽略；相反，客户还在坚持买入更多股票。为了不把自己卷入麻烦中，商号有时会自己"卸货"，卖出客户的部分或全部股票以保全自己，相当于利用客户的账户进行投机，风暴一旦过去再立即买入。实际上，投机商号是在利用客户的损失获利。商号的经营完全合乎股票交易的所有规则，卖出股票时是以卖空交易的形式通过该商号员工的个人账户进行操作。商号会检查账户的盈亏情况，如盈利便记入该账户，如亏损则从该账户扣除。在这一操作过程中，经纪人以客户的损失为赌注，自己置身事外。如果你听说某家经纪公司因为客户没有接到补充保证金的通知而破产了，你就会明白那些商号不得不抛售客户股票的境遇了，而这是被称为"投机商号"的机构都希望避免的。

投机商号主要吸引以下几类投机者：

（1）被正规商行拒绝的小型交易者；

（2）那些认为按照行情牌报价进行交易比在公开市场交易更方便的投机者；

（3）宁愿选择投机商号，也不愿意通过邮件和电报向股票交易所下达指令的交易者。

投机商号的利润主要来自那些小型投机者。第二类投机者犯了个错误，也许按照行情报价牌的确比公开市场交易更方便，但投机商号的花招百出完全抵消了这一优势。对于第三类投机者，建议放弃投机交易，那样口袋里的钱起码不会少。

下面是一些投机商号经营者的观点：

第一，开办一家投机商号，拥有 5000 美元资本即可；

第二，80% 的投机者将在交易中亏损，固定的投机者一定会赔钱；

第三，小规模交易的投机者以及凭保证金交易的投机者最容易赔钱；

第四，与其他交易相比，投机商号更欢迎低额保证金交易，因为保证金越少，投机者损失的概率越大；

第五，为了获得投机者的全部资金，商号往往会怂恿他们积累投资金额，扩大交易规模；

第六，为了把新客户变成长期客户，商号会积极给付其投机收益以获取信任；

第七，投机者永远是贪婪的，这是投机商号能够放心赚钱的根本。

某投机商号的经纪人向我解释："当然了，这是一场赌博，里面包含上千种伎俩。普通投机者最愚蠢的就是以为自己能预测游戏结果，然而他们对游戏本身的规则根本一无所知。假如一家大型投机商号说服它的客户以最低的保证金水平买入 10 000 股糖业公司的股票，随后到公开市场进行交易，商号会把自己的经纪人派到糖业公司股票的持股人处，有时在交易所也有自己的代表。只要有一点利润，他们都会抛售客户的股票。为了赚 10 000 美元，商号会不惜花费 1000 美元的代价，并反复多次这样操作。有些精明的投机者也会像投机商号这样做，他们在各家投机商号都下单，然后快速控制股市，直到成功获取巨额利润。"

1899 年 Gov. Flower 关闭后，美国就基本不存在还具有偿付能力的投机商号了。它们耗尽了自己的全部资金和客户的保证金，还有高达数百万美元的账面债务。如果客户同时要求拿回资金，那是不可能实现的，一旦发生挤兑，一天之内所有投机商号的账户都会被扫荡一空，商号经营者们将携款潜逃，到一个新的地方重新开始营业。

大型投机商号在牛市很难赚到巨额利润，近几年的例子都是如此。因此，几乎所有投机商号的交易员都是买空者。在大盘趋势不定、剧烈震荡的时期，投机商号最容易赚钱。比起那些愿意接受小额损失、想从股市投资获利的人，投机商号更欢迎愿意赌一把的交易者，这种人往往股票一涨就买入，一跌就抛出。

有些参与投机商号经营的人会精心掩盖自己的行为和身份，这让他们从没被人怀疑过。这些经营者拥有丰厚的资本和商业知识，躲在美国最赚钱的投机机构背后坐收渔利。

投机商号不欢迎会赚钱的客户，这种客户一旦出现便会被商号驱逐出局。几年前，5000美元现金用于投机交易已经是不小的规模了，当然现在要求得更多。一个拥有10万美元资本金的投机商号，往往把先赚到的10万美元作为红利分给其出资人，剩下的就要靠客户保证金维持运转了。一旦其中出了问题，客户可以对投机商号进行评估。如果商号不接受评估结果，那么就会不得不停止营业，或者逃债。然而奇怪的是，当这样的商号破产后再次重新经营时，投机者们竟然仍会选择与其合作，继续交易。

投机商号非常了解那些抱着看好股市的心态而买入股票的投机者们。如果一个投机者成功地用100美元赚到了1000美元，接着会要求收回自己的本金和利润，并能很快得到商号的兑付。由此这个投机者会确信这家商号是可信的，而且认为自己是罕见的炒股高手，一定会在股市大赚一笔。仅一次成功就把他变得狂妄自负，大意鲁莽，他将继续看涨、积极交易，甚至会叫两三个朋友和他一起赚快钱。

接下来，即使他幸运地把 1000 美元翻番成 2000 美元，也已经处于过度交易状态了，任何市场剧烈变化都将让他被迫平仓。一旦股票下跌 5 个点，这位投机者就可能会倾家荡产。

可惜有些人总是不吸取教训，这位投机者还会重新进入市场。这一次，他不再想着赚大钱了，只求把之前的损失收回来，可最后却赔得更多。至此，他要么理智地选择放弃，要么成为一个蹑手蹑脚的胆小鬼，或是嗜赌成瘾。有些人一旦染上这种毛病就很难摆脱了，股票投机将让他一贫如洗，并且他几乎不可能再从事任何正当工作。

从向投机商号下达指令的那一刻起，投机者就失去了成功的机会。股票价格由其供求关系决定，当股票供不应求时，价格就会上涨；反之则下跌。保守估计，美国的投机商号每天都会买入 50 000 只股票，对于这么大的购买量，如果订单确实在交易所执行，显然应该让股价上升或阻止其下跌。投机商号的订单根本没有在公开市场执行，也就不会对股价造成影响，而投机者只有靠股价升高才能获利。所以，在投机商号碰运气的人完全是在跟自己较劲，他们突破种种困难进入市场，结果出来时两手空空。

有人认为在联合交易所里下订单也会遇到同样的情况，但事实并非如此。联合证券交易所里的所有订单都会被实际交付，如果在一日或一周期满后仍然有未处理的订单，联合交易所又已经买不到股票，其经纪人会直接诉诸于一级市场，通过在股票交易所买卖股票来平衡客户账户。

我偶尔会听说有人从投机商号赚了钱，但从没听说谁在那里变成了富翁，最后成功带着大笔资金退出了市场。尽管投机者的确存在获利的可能，但研究一下投机商号的账户情况就会发现，那些投机者们从长远角度看最后都会以破产告终，普通的投机者根本不理解投机的基本原则。

一位作家这样阐述这一现象。

美国有大量被称为投机商号的赌场，它们屡屡倒闭，骗局也屡屡被揭穿，但每次都能重新开张，并且受害者的数量反而越来越多。这引发了社会激烈的道德争论——难道这些美国的投机者比想象中更加愚蠢无知吗？这种愚蠢无知还在继续蔓延吗？

在这些投机商号的客户中，很多人都容易上当，他们把自己的生命和有限的资产投入到一个又一个不切实际的项目里，还幻想能从中赚钱。然而，投机商号盛行的根本原因是全美人民无法抑制的对金钱的狂热。尽管把全美人民都看成赌徒不大妥当，欧洲大陆出现的南海泡沫、约翰·劳事件和郁金香热也并没有发生在美国，但在我们的国民性格中很重要的一部分就是对冒险的热爱和异常活跃的想象力。这一点在经济繁荣时期表现尤甚，正如当下，铁路运输和实业公司的股票的表现也印证了这一点，而这也正是国家繁荣昌盛的主要原因。

投机商号给了投机活动最便捷的通道。一个连10元钱都不敢放在轮盘里赌博的乡下人，却会心甘情愿地从他们镇上那些所谓的"投资公司"里买下10股铁路股。对于小城镇的交易者来说，通过股票交易所等正规渠道投机存在较高的佣金、利息等成本，另外，小额客户或百股以下的交易也经常被拒绝。与此同时，他们还很难看到市场报告。如果市场走向对其不利，股票交易所的客户不仅会损失保证金，甚至连经纪人的佣金都交不起。

投机商号的经营模式则完全两样。接到客户指令后，他们既不买入也不卖出真实股票，更不会装作进行了这些交易，客户根本不知道他们是否执行了买卖订单。实际上，交易双方都把此看成一次下注，赌的是股票交易所的报价在未来某一时间内会上涨还是下跌。投机商号老板收取的佣金要比股票交易所低得多。他们愿意接收小额交易客户，只收取少量保证金，也不向客户收取利息（按照交易所的规则，交易者在买空时需支付资金利息）。此外，投机商号的老板允许客户以特定报价开始或结束交易，就像在股票交易所自动收报机上那样。客户的保证金一旦告罄，其账户将被关闭，也不能继续交易。投机商号的老板通常不会在某只股票上投太多钱，他们更喜欢小笔的交易。对于小额交易者来说，投机商号的整个经营体系对其具有很大的诱惑。如果这家商号又碰巧拥有交易所会员资格，那么它将很快垄断华尔街之外的投机活动。

投机商号的老板怎么赚钱呢？实际上，他们的工作就是和客户进行一系列赌博，猜测股市的走向。经验表明他们的猜测总是错的。要获得平均稳定的利润，就要接受各种可能，即"赌一把"。但在华尔街的人看来，场外投机者通常都是胆小鬼，他们只买入股票而不卖出，在牛市，这种操作策略的结果就是投机者赚取很多利润，而商号老板则大亏。如果投机商号的经营者不够诚实（他们经常如此），他们会很容易找到合适时机在账户上做手脚，把客户的保证金和账面收益纳入自己囊中。当然，投机者也不会毫无戒备，他们非常清楚自己不是在幻想中交易，而商号老板并非什么正直之士。华尔街把这种投机者称作"幽灵"。他们曾大肆交易，又输光所有的钱，然后被迫变成股市赌徒，但却是以一种对市场的谦恭之心在投机。这类客户最关心的是投机商号是否会倒闭。在牛市已经延续了很久的情况下，如果他们得知商号老板已经处于严重亏损之中，就会马上把利润变现，离开这个危险的地方。

因此，在投机商号进行交易是一件非常危险的事。如果有人觉得必须投机，最好选那些拥有股票交易所或联合交易所会员资格的商号。还有一条真理人们应该谨记："赚钱的最好办法是不要投机。"

投机者与联合交易所

投机者应该对联合交易所的概念、优势和劣势以及其与股票交易所的关系有较为清晰的认识。这一点十分重要。联合交易所为成千上万小额交易者，尤其是那些住在城外的投机者们提供了交易市场。其最常见的名称是"纽约股票石油联合交易所"，由石油和矿业交易所合并而来。在19世纪七八十年代，出现了矿业股票的投机热以及对每手1000桶原油期货合约的炒作，这一波浪潮过去后，交易者们才开始去股票交易所炒作热门股票。现在，矿业股票的交易形同虚设，石油方面的投机行为也被彻底取缔。"纽约股票石油联合交易所"这个名字不太符合实际，故人们以"纽约联合股票交易所"代之。现在，股票交易几乎占据了整个联合交易所的大厅，其中以散股交易为主，每笔买卖单位为10股。

有些联合股票交易所的会员们认为这里是散股交易的大本营，事实并非如此。理论上讲，股票交易所仍然是股票买入和卖出的主要市场，在报价上，股票交易所关于单只股票或其倍数的交易价格是官方认可的，处理法律纠纷也基本以此为依据。另外，许多活跃度不高的股票是无法在联合交易所进行交易的。就算没有联合交易所，投资者、投机者以及那些在市场上发行股票的公众公司也都不会受到实质影响。因此，关于联合交易所作为主导市场存在的说法是不正确的。

我们不在此讨论联合交易所的有效性。取得联合交易所会员资格仅需2500美元，而股票交易所的会员费是83 000美元（1902年的水平），这种价格上的差异也相对降低了联合交易所成为主要交易市场的可能。联合交易所曾经出现过几次丑闻，给许多轻信的投机者造成了大量亏损。另外，投机商号居然能在这里取得席位，而联合交易所19世纪末出现的腐败问题也并未因管理制度的实施而得到改善。

"行情牌"也许是联合交易所所有资产中最有价值的了，这块全国最大的行情牌足有一个街区那么大。联合交易所雇了两个人专门负责发布每天上午十点到下午三点间电报员接到的第一时间报价。谁都不知道这报价从何而来，因为股票交易所一直在努力保持自己官方股票价格的独家性，并不承认联合交易所。联合交易所应该设置了远程股市行情自动收报机，或者是通过电报传输股票交易所的实时股价。现在共有两家从事股票报价传输的电报公司，一家提供自动收报机，并且仅向股票交易所会员提供报价信息，这也是目前最快的自动收报服务；另一家公司向联合交易所、酒店和公众场所提供延时一两分钟的收报服务，并需要股票交易所两名会员签署自动收报机的租赁许可。在联合交易所的交易大厅，还设有两个与行情牌独立的、较慢的自动收报机，股票交易所曾试图移走它们，但联合交易所成功地通过合法手段争取到了其继续维护和使用的权利。对于会员该如何使用联合交易所大厅的自动收报机，下文将详细解释。

联合交易所自己拥有小型的自动收报服务设备，但这种服务并无实际意义。尽管公众对此并不知情，但联合交易所的会员们的确有途径获得股票交易所的报价信息。显而易见的是，联合交易所必须依赖其大厅内的两个相对较慢的自动收报机以及公布报价的行情牌（行情牌公布的报价很可能同样来自自动收报机，故比自动收报机更为滞后），因此，有更快途径获得报价（更快的收报机，或者通过股票交易所大厅的电话传输）的会员能在交易中占据更大的优势，在市场中以优于普通交易者的价格迅速抢购或抛售。

联合交易所的交易者一般分为以下几类：

（1）遵纪守法、严格执行客户指令的正规经纪公司；

（2）打着经纪公司的幌子，实为绕开规则的投机商号；

（3）为节省委托经纪公司交易产生的佣金和费用，以自己的账户进行交易的投机者；

（4）倒卖散股并在收市后"对冲"补齐账户的交易者；

（5）依靠其他快速报价服务进行投机的交易者；

（6）同时在纽约、费城和波士顿市场套利的交易者；

（7）执行其他经纪人订单的经纪人。

联合交易所最多有 2400 个席位，其中约有 1/5 为活跃会员。

正规的经纪公司数量众多，业务量也相当可观。其客户往往以每组 10 股交易的人居多，但也有不少客户会选择每组交易 100 股甚至更多。直到 1902 年，联合交易所每组 50 股以下散股交易的佣金费率仍为 0.0625%，即股票交易所正常佣金水平的一半；但后来会员投票将其升至 0.125%，与股票交易所佣金费率持平。后来，多于 50 股的每笔交易佣金费率都是 0.166%，倒手交易的佣金费率为 0.125%。对于联合交易所里最活跃的那几只股票，有的经纪公司称可以始终以接近股票交易所的标准来收取佣金。另外，他们认为与每次 100 股起的交易者相比，散股交易者在市场中处于劣势。按照惯例，经纪人对散股客户的佣金费率要求为 0.25%、0.5% 或者 0.75%。有时经纪人也会给予散股交易客户一定的优惠。在上升行情中，联合交易所的价格会比股票交易所上涨更快，这种情况显然有利于抛售者而不利于买入者。如果股市处于下跌而非上涨中，情况也会完全相反。交易不活跃的时候，联合交易所的会员有时会在股票交易所以 0.125% 的佣金费率下单。这表明联合交易所有着不同于主场的清晰市场界限。此外，联合交易所的会员们也始终与股票交易所保持着密切的电报联系。

以下是一些关于在联合交易所交易的经纪公司处理订单的客观事实。

（1）活跃的投机型股票更适合在联合交易所进行散股交易。如果委托经纪公司买卖 10 股每组的交易，价格会接近股票交易所每组百股的交易价，比交易者自己在股票交易所交易更划算。

（2）对于每组操作 100～500 股的大额交易者而言，联合交易所的市场容量不够。

（3）没有完全不活跃的股票，总有一些股票会变成股票交易所的焦点，同一时间联合交易所也会出现同样的情况。当股票交易所对该股的热度下降，联合交易所的小额交易者也会停止对其投机行为。

（4）一些联合交易所的经纪公司收取年 6% 的利息，并从股票购买之日起计息。这一利息率要高于股票交易所。在进行周结算时，从周一到周六不计息，超过周六将按整周收取利息。相比之下，股票交易所采取日结算方式，利息从购买之日算起，这一点不太明智。联合交易所和股票交易所的清算方式完全一致，都是按日结清。

现在，联合交易所里的投机商号没有过去那么多了。有些投机商号发现，通过与交易所建立联系会给他们带来更多的业务，同时可以更体面地进行交易。例如，当接到某位客户购买 10 股或 100 股的指令时，经纪公司会雇用 5～10 位经纪人，将客户指定价格的买单传给交易所，同时以同样价格抛售的指令也会传出。这时两名经纪人就会凑在一起看是否能匹配彼此的订单，他们了解彼此的需求，并尽最大可能促成交易。如果交易仍然不能达成，那么该订单将按照市场最近的买价或卖价执行。这种做法被称为"对号入座"。该交易执行与股票交易所无关，经纪公司在其中扮演了投机商号的角色。若客户出现亏损，经纪公司获利；若客户获利，经纪公司承担相应损失。这种办法较为笨拙，如果交易者要求知道负责其委托的经纪人的名字但又无法获得，那么很可能会向联合交易所投诉；若联合交易所要求其提供经纪人信息而仍未获执行，该公司将被取消会员资格。一旦交易者发现委托后并未发生真实交易，便可以要求经纪公司赔偿其"交易"损失。尽管经纪人严格遵守了各项规则，账户记录等细节也处理得尽善尽美，但这种联合交易所内出现的投机商号式交易仍会为其招来种种举报。"匹配订单"只是一场零和游戏，对交易所本身没有好处，还把正规交易置于不利之地。在这种经纪公司进行交易的投机者会面临很大的财务风险，尽管它们已熬过了一些金融风暴。一旦不幸选择了这种经纪公司，客户往往被迫接受与市场价相距甚远的成交价格，这时经纪人会试图把责任推给联合交易所落后的设备，以此蒙混过关。

一些希望降低投机成本的人也会选择成为联合交易所的会员，然后用自己的账户进行操作。他们中有些人是股票交易所的退休职员，有些人是股票交易所会员的子女，也有些人只是因为资金状况窘迫而加入会员。他们无需支付佣金，如果他们在熊市上做空，可以靠卖空股票收取的利息赚钱。如果他们把股票贷款作为抵押，与小经纪人合伙经营，将有机会获得平均 6 个点甚至更高的年收益。

有些交易者有日结账户的习惯，他们不买空也不卖空，只进行一些小损小利的操作，交易结束就离开市场，安心回家睡觉。通常情况下，其损失不会超过 1/4 个点。他们研究交易所内各种经纪人的需求，依靠直觉猜测随后的报价，靠正规经纪公司或其他交易者的损失获利。他们的脑子里没有市场意识，只有两个交易所的自动收报机，配合股票交易所的成交量和相关知识作为投机依据。他们厌恶投机商号，因为经投机商号匹配后，公众在交易所的损失会小于自动生成时。另外，他们对获得快速报价的交易者也同样反感。

交易者能通过两种途径获得快速报价：依靠股票交易所的快速自动收报机，或者与股票交易所会员建立私下的秘密电话联系。对于后者，经纪人只需要站在人群中观察接线员表示上升和下降的手势，并依此买卖股票。这样操作往往比等行情牌和自动收报机的报价更及时。这些交易者会因为不正当竞争而不受欢迎。他们有时可以赚钱，但不具有连续性。无法获得时间优势的交易者会试图紧随他们的步伐，但费神费力，让人难以坚持。

同时还存在在纽约、费城和波士顿三地套利的联合交易所。尽管波士顿和费城联合交易所之间的套利规模并不大，但仍有一些交易所会员表示，他们最希望能买到股票交易所的会员资格，然后利用其便利的报价设施在联合交易所与股票交易所之间套利。不过，真要做到这一点，至少需要数个交易所会员资格和相对丰厚的资本。

这种操作的风险度很高。股票交易所的会员一旦被发现从事这种不正当交易，马上会被取消资格。不过，总有一些经纪人甘愿冒着名誉受损的风险去试一试。

荐股人

初入市场的投机新手，头一次下水之前总会问："什么股票能赚钱，有没有这方面的信息可以透露？"对此，答案是否定的。

公众面前有两种类型的荐股人：一种荐股人打着"信息咨询机构"的旗号大做广告，兜售市场趋势和内幕信息；另一种荐股人除了不打广告、通过私人订阅外，与第一类没有任何区别。

荐股人是华尔街的新生事物。若在十年前，他们根本不可能出现。如今，财富的急剧增长、人们对投机的狂热以及公众的愚昧催生了这一行业，并促使其迅速发展。颇负盛名的报纸也纷纷为荐股人开辟广告专栏。联邦政府无力阻止他们使用公共邮政系统，即使在纽约他们也能轻易用假名租用邮箱、投递邮件。荐股人大多不愿与客户见面，他们也不在信上写出自己的详细地址，以此来保护自己。理智的人马上就能看出，他们其实就是品行不端的骗子。奇怪的是，每个月仍有1500多名投资人愿意花5～10美元购买这些所谓荐股专家或机构给出的信息。

布鲁克林有个叫米勒的年轻人受雇于他所声称的"富兰克林财团"，该组织藏匿在布鲁克林偏远郊区一个破旧的两层小楼中。米勒向投资者吹嘘自己找到了一条股市投机的生财之道，可以反馈给客户每年520%的投资收益。这种简单的承诺竟帮他敛得80万美元的巨款。后来，一家报纸揭穿了他的骗术，米勒被判在联邦监狱服刑，而其他幕后人员则携骗来的巨款逃往欧洲。米勒的"客户"遍布男女老少，这些人里还有很多是医生。1900年，美国社会投机风气盛行，很多受害者承认，他们知道米勒是个骗子，但还是希望能作为早期投资者，在挤兑发生之前拿回自己的本金和收益。

另一位荐股人给自己起了个响亮的名字，大放广告吸引读者订阅他的内幕消息，他甚至为每个订阅者派发了一个电报电码，方便接收其发布的信息。他的伎俩极其原始，但投机之风如此之盛，威廉·麦金莱（William Mckinley）第二次总统大选前夕，1500~1600位投机者购买了这位荐股人的信息：大选前将出现抛售行情，而且布莱恩（Bryan）将以压倒性优势赢得大选。结果预测失败，他的听众们不得不返回头去支持共和党候选人以减少损失。这个骗子被严厉谴责，最后退出了投机圈。他拿着赚到的7.5~8万美元轻松地转行去推销不值钱的石油股，最后竟然获利颇丰。

另一种典型的荐股人，是针对同一股票，让一半的持有者卖空，另一半投机者买入。如果其中一方赔了，另一方肯定会赚，这是一种十分荒谬的操作方式，这样的人是无法在行业内立足的。

还有一种荐股人，是通过谎称有内幕消息骗取信息费的"秘密速记员"、"私人专线接线员"以及"记账员"等。其中一些人的骗术太过粗糙，以至于其广告沦为华尔街的笑料，但还是有很多人会上当。他们透露的信息毫无价值，只是厚着脸皮在那里胡说八道。

有一次，一位曾大胆地从内幕交易和任意托管中肆意敛财的西部荐股人来到了纽约。消息被某报纸的记者爆料后，这位荐股人带着一封经纪人开的介绍信真诚地请求该报社撤消报道，恢复他宁静的生活，因为自从来到华尔街，他已经改过自新，不再从事任何非法业务了。他长得很英俊，为人和气，言辞诚恳，还有权威的介绍信，报社马上答应只要他能信守承诺，就不会再对他进行负面报道。离开时，他一再表示感谢，那位曾报道他的记者强调，如果他再次欺骗大家，报社将把他曾做过的一切公布于众。

这个荐股人认为其过去没什么好说的，他解释道："假设我向公众保证有一种绝对安全可靠的方式能让人在证券市场上投资获利6%，通过报纸或邮件向我们的主要业务对象——那些小城镇里的投资者们进行宣传，直到我头发变白也赚不了多少钱。但是，如果我向投机者们保证能提供40%、50%甚至100%的投资回报，那么投机者汇来的钱多得用马车拉都拉不完。只有让那些贪婪的小投机者动心，你才能赚钱。不瞒你说，我的邮箱已经被相关机构关掉了，我不再做这些事情了。"

不到九个月，一个开事务所、以曝光各种骗术为职业的私家侦探找到这位报社记者，带来了一个与上述那位荐股人有关的消息，他说："那位先生一直在从事合法经纪交易，是关于通过邮件接受任意委托的，不过是以其他人的名字。没有人的利益受到损害，但您手下的一位记者说要在明天的报纸上将其行为曝光。如果您同意不对此进行报道，我们将支付您1000美元。"

记者让这位侦探带着他的钱赶紧离开，最好再也不要出现，还表示将把他的所作所为也一起写入报道。第二天，此事就见报了。那个自称已"改过自新"的荐股人被起诉，超过10万美元的赃款被没收，他直接经营的委托投资公司和为其处理业务的经纪交易行都被关闭了。这笔巨款是通过向外地交易者收利骗来的，谎称其可以得到每年40%的分红收益。在交易者刚上钩的时候，他们的确还能收到一点"红利"，但后来就没有了。

上面介绍的第一个荐股人，那个叫米勒的年轻人，实际上就是靠瞎蒙，其资质甚至比不上好一点的经纪公司，投资者压根无法从他口中获得有价值的交易信息。纽约居然没有一个强势的地方检察官能够有力地取缔这种非法行当，并将这些骗子们诉诸于法，这的确让人惋惜。

第二个荐股人的情况则略有不同。公众必须把以股市情报社自居的荐股机构与为华尔街提供新闻的新闻办事处区分开来，对于前者，最值得称道的也许是它们努力提供一切信息，也就是说，如果其经营者好不容易获得了市场上的庄家动态，他一定会让订阅者马上知晓。不过，这类机构也经常被股市上的大操作者利用，通过建议买入或卖出让某只股票暴涨，哄骗那些信任他们的投资者。因此，这些所谓的内幕信息对股民而言无疑是极其危险的。

某成功的股票经纪人看到一位客户在阅读市场行情信息，便问："你为什么关注这些信息呢？难道你不知道一直跟着荐股人思路走的操作者，就算有整个英格兰银行的资金支持也还是会破产吗？"

一个有大批客户的荐股人曾这样描述他的业务和追随者："我和股市的关系就像医生和病人的关系。我根据自己20年的经验和投机知识研究市场情况并得出结论，尽我所能获取各方信息，认真观察市场波动幅度和交易量，并依此调节自己的操作方式。我一天到晚都在办公室研究市场行情。的确，我总是看多市场，我的客户也如此，没有他们我也没法生存。我从不预测下跌，除非股市正处于恐慌或崩盘的边缘。如果我认为某只股票会下跌，我会建议客户及时抛出获利。我是那种乐观的人，存在疑问时甚至比非常确信时更加乐观。从事我们这一行的人必须积极乐观。交易者都希望能获得指点，他们知道自己的判断容易出现偏差。

在牛市，我的指点可以让他们多赚些钱。当然我也会出错，这时我会把客户的注意力转移到我正确的建议上。如果有人想冒险，让他去就是了。如果有人想买某只股票，就说点他想听的建议，就算客户买了，最后赔了钱，他一般会忘掉是你给的建议或者原谅你。但如果你警告客户别冒险，而他看好的股票真的涨了，他会一直记恨你，把损失看成是你的责任。股市瞬息万变，今天的菜鸟就是明天的投机高手。今年大赚，明年也许就会大亏。我们能做的就是让他们高兴，让他们争相逐利。"

像上面这个自鸣得意的荐股人随便写点东西、卖卖建议，一年就能赚 22 000 美元左右。只有那些不太聪明的投机者才会相信他们的话。华尔街也对其不齿，尽可能抑制其业务拓展。

专家解读

"机构"对于一般交易者而言总是蒙着一层厚厚的面纱。交易者并不知道面纱后面隐藏的操作模式，总感觉机构投资者是一群掌握很多内幕消息的人。

本章列举了多位荐股人欺骗交易者的行径，虽然他们有形形色色不同的背景，有的为财团服务，有的单打独斗，但是目标和行为方式都是一致的。即先许诺以高回报为诱饵，然后以莫须有或者依照自身利益炮制的信息为实际内容进行行骗。其实，但凡有点头脑的交易者都知道，年平均收益率能到 30% 已经相当不错了，巴菲特也不过如此！可惜那些贪婪的交易者们根本不满足于这样的收益率，他们希望一个月就能翻番，希望市场交易时间为每周七天，每天24小时，而不是现在这样的动辄休市。但是他们不知道，倘若真的这样交易，如果没有对市场潜心的研究和固定的交易系统，反而会更快地失去自己的金钱。本章给予交易者的教训就是，如果有人许诺给你以高收益率的交易，一定要提高警惕捂好自己的钱袋子。要多反思，如果每年能拥有100%的收益率，那么荐股人为什么要用这么好的交易方法为别人赚钱呢？难道就为了收取那点可怜的利润分成吗？虽然道理大家都明白，但是从人类社会发展至今，世界级的欺诈骗局屡屡见诸报端，被骗的人中也不乏众多名人，被卷走的也都是巨额财富。所以，交易者一定要认认真真做好研究，股市没有救世主，如果仍寄希望于他人，那么你就不适合在股市中生存。不论输赢，整理好自己的本金，离开吧！

第八章

投机者的自白

投机者永远不要过度交易。想用少量资本获得超过正常比例的回报，必将招致灾难。在过度交易的情况下，市场的任何风吹草动都会让投机者惊慌失措，失去正确的判断力。

投机的规律

一位研究者在调查了美国各交易所中各种形式的投机后，称自己发现了投机的一般规则。他将其分为两种：绝对规则和相对规则。

1. 绝对规则

绝对规则就是永远不要过度交易。想用少量资本获得超过正常比例的回报，必将招致灾难。在过度交易的情况下，市场的任何风吹草动都会让投机者惊慌失措，失去正确的判断力。

（1）不要"对折"

投机者千万不要彻底推翻之前的决定而迅速转换到相反的立场。例如，某交易者起初打算做多，那就不要一下子清仓或转为做空。也许某些情况下这样做会成功，但极具风险。如果市场再次上涨，那么投机者可能又会转变想法，恢复做多。一旦选择再次失误，投机者会低迷不振，对股市失去信心。改变投机策略需要适度而为，谨慎行事，保持心态平衡。

（2）要么马上行动，要么静观其变

也就是说，在危机来临之际，投机者应迅速采取行动。如果没能及时行动，而他人也察觉危机将至，那么应冷静持有或选择抛售部分股票。

（3）若心存疑虑，最好减少仓位

无论是潜意识里对所处位置不满意，还是感觉高额利润对应的风险太大，投机者都应减少仓位。有个投机者告诉他的朋友，自己因为担心市场形势而睡不着觉。他朋友的回答短小精悍，即："减仓到能好好睡觉为止。"

2. 相对规则

下面给出几条投机的相对规则，投机者可根据所处环境、个人性格特点及经济情况等因素做出适当调整。

（1）买涨不买跌

这一观点与传统看法恰好相反。传统观点认为，越是下跌越应补仓，因为这样做可以摊低持股成本。选择这种操作方式，80% 会遇到市场反弹从而改变颓势，不过一旦遭遇长期的市场下跌，投机者就会手足无措，损失惨重。

"买涨"实际上是与上述相反的操作。也就是说，最初先适量买入，随着市场上涨慢慢加仓到计划水平。这种投机策略需要投机者时刻保持谨慎和警觉，因为股价很可能会回落到最初水平，这时就会出现问题。一旦股价回落到平均持股成本，此时一定要抛售，以保护整个交易的安全性。如果遇到市场持续上涨（20% 的概率），投机者就会收获巨大利润。这种操作的初始风险较小，整个交易始终将风险控制在合理水平，而且回报丰厚，但只适用于预期将出现重大增长或下跌的市场行情。如果操作者有一定资本，那么相对更安全。

（2）追跌需要雄厚的财力和坚韧的性格

追跌往往让人损失惨重，坚强的人会撑得久一些。的确有这样的成功案例，他们从小额交易开始，进入市场后一直抱着长期持有的心态，不受波动干扰。他们拥有极强的意志力，在市场低迷时买入并一直坚守到复苏。与其说是投机，不如说是一种投资。

（3）尽快止损，放缓收利

通常情况下，用于单次购买的资金最好控制在一定限度内，并根据自己的判断及时卖出获利或止损。投机者既要能接受小利，也要能承受微损。太急于获利或者没有勇气"割肉"，这种做法毁了很多人。

（4）不要忽视舆论

投机热情高涨的时候要密切观测民意，谨慎行事，不要随波逐流。市场随时可能转向，每个人都知道，追捧者过多并非好事。不过，逆市操作更需谨慎，交易者要有足够的意志力、资本和勇气，要像医生一样为资本市场把脉，并以此决定操作的时间和方式。

（5）市场低迷疲软时卖掉股票

一般来说，此类市场将持续走低。但是，如果市场已经由低迷转向活跃，人们陷入恐慌，那么此时也是买入良机。反之，如果低迷疲软的市场变得活跃有力，那么就可以大量卖出了。

（6）分析市场时不应忽略偶然因素

关于"机会"主义有个例子：拿破仑在作战略部署时，往往留有余地，全面考虑各种可能出现的偶然因素。对概率的再次证明是对人的真正考验。市场预测最好参考正常信息而非一些特殊信息，像国家状况、农产品、制造业状况等这些统计数字固然有价值，但光盯着它们没有任何意义，必须与其他因素一起进行综合考虑。坎宁（Canning）曾说："除了数字，没什么像事实那么靠不住的了。"心存疑虑时不如静观其变，投机者不要在主意未定时进入市场，要等看法成熟后再行事。

本部分的主旨是告诉读者，所有投机都应遵循一个基本原则，即保持头脑清醒，做出有价值的决策。投机者应该留存一部分资金，在关键时刻到来时全力出击。

投机者的成功与失败

投机的结果无非有两种：成功和失败。成功的投机者只是极少数人，从任何经纪人的账户记录中都能发现这一点。哪怕身处牛市，在交易新手都能大把赚钱的时候，大部分投机者仍会赔钱。

几乎所有的投机者都是业余选手。他们信心满满地进入市场，初尝甜头后便开始膨胀，鲁莽行事，因此失败在所难免。要想成为一个出色的投机者是需要时间的，除非投机环境极其特殊。买卖股票本身十分简单，但关于投机的知识却只能从丰富的交易经验中获得。一位 55 岁的股票交易所经纪人，在经历了三次大起大落后终于退休了。他认为，"投机者熬到能赚钱的时候，往往已经打算金盆洗手了"。这位经纪人在范德比尔特和杰伊·古尔德时期赢得了职业生涯的早期辉煌，但接下来就不那么走运了，他在1896—1902年损失惨重。退休前他说："我年轻的时候市场发展较为平稳，随着年龄的增长，我发现自己的胆子越来越小，缺乏年轻人的那种活力和勇气。作为交易者，只要市场振幅足够大，我还是乐于投机赚钱的，但我对大盘长期走势的把握已经不如以前那么准确了。虽然现在许多人都能像我当年一样准确地判断走势，但现在的我已经习惯用老尺度来看问题，换句话说，我落伍了！"

一位35岁的成功投机者曾发表看法："我靠纺织品交易起家，那时朋友和债主都认为'一个玩股票的布商肯定不可靠'。当时我是个例外，但现在几乎所有商人都开始投机股票。行业股的出现导致了这种转变，在我看来，一个毫无经验的人身揣巨款想来华尔街试试运气，一定难逃破产的厄运。资本对于华尔街来说并不是一切，只有那些理性判断形势、正确看待市场投机的人才能在这个市场获益，他们会用少量资金试探自己是否有成为一名投机者的潜质，然后再慢慢积累成功经验。"

由此可以看出，一个成功的投机者需要从不断的实践和亏损中获得经验。那个退休的经纪人总觉得经验丰富成了他的劣势，但这一点其实对他以后成为交易商还是很有帮助的。第二个投机者则认为人们只有经历过多次跌宕起伏才能变成老手。

并非所有经验丰富的华尔街投机者们都会成功。很多资深的经纪人从不参与投机，经验让他们意识到自己并不具备成为出色投机者的条件和智慧。股票交易所也明令禁止其合伙人参与投机。另外，那些看起来很懂的股评家们也并非成功的投机者，他们大多都没什么钱。如果他们对行情的预测真的那样准确，那么他们早就成为百万富翁了。奇怪的是，财经评论界至今也没有诞生一个百万富翁。

我们大可推断出，业余投机者在没有丰富的经验积累之前很难成功，这同时意味着大笔投入。对于初学者，最明智的建议就是将早期的炒股资金降到最低限度，如果想买入100股，最好先买入10股验证一下自己对市场趋势的判断。初学者还要警惕用小额保证金进行交易的做法，初期的成功会让投机者得意忘形地扩大投资，直到势态失去控制。

股市通常被认为是公正的，始终有规律可循。即，在长期的大幅震荡后，股票价格会趋向于每股的价值。价值决定价格，但价值也会上下波动。相对而言，铁路股的价值要比工业股更容易判断。股票价值越难判断，价格波动幅度就越大，投机者面临的风险也越大，特别是对那些以保证金进行交易的投机者更是如此。

试图寻找股市内在规律的人会产生这样的疑问：投机者能通过逻辑推理出安全有效的操作规律吗？毫无疑问，如果投机者能用逻辑分析所有影响市场价格波动的因素，肯定会有好的结果，但他们通常都是靠猜测行动。作为成功的投机者，不光要对已发生的行情进行逻辑分析，还必须对未来趋势进行预测。可惜，就算投机者的预测相当精确，还是会存在一些不定因素，让投机者遭遇滑铁卢这样突如其来的变故。

绝大多数投机者都会相信"个股的涨跌足以代表其所属板块的走势"，然而这种简单的归纳是不够的。这无疑是个草率的推断，经不起实践检验。同样，如果投机者认为"从行业板块的走势中看出个股的走势"，那么他将发现自己失误的可能性极高。

市场走势很难靠归纳或者可能的预测来判断。投机者有时的确能得到准确的结论，但也不过是些不言而喻的事实罢了。

在股票的实际操作中，假定条件往往建立在"可能的事实"之上，剩下的所有基于这一点做出的推断都只是"大概"。只有在了解市场操纵者和公众投机的行为规律后，投机者才能对市场行为进行准确评估。不过，大多数投机者都更倾向于粗略估计或者猜测。所以，投机者不仅要克服自身的性格弱点，还要与上市公司和庄家斗智斗勇。有些人对投机有一种直觉性的判断，如果突然觉得市场将要发生变化，那么他们会马上开始冒险之旅。这些人的理论是"当断不断，必受其乱"。不过，这种拥有可靠直觉的投机者毕竟少之又少。

"推理的基础是迅速的、发自直觉的判断。"作为普通投机者，必须努力提高自己结论的准确度，并且对"人、财、物"有明确的判断。源于经验的推理拥有持久的价值，但投机者有时也会依靠间接证据来寻找事物间的联系。若形势太过复杂，投机者也会使用类推法，希望能有人替他们理清头绪。

和其他场所一样，股市里的股民也希望能追随某位意见领袖。他们总是企盼别人的意见，甚至不放过道听途说的谣言。股市里羊群效应十分明显。平时对自己和家人十分吝啬的人在股市中随随便便就能损失数千美元；还有些人平时生活中很理智，但一听说有"空手套白狼"的机会，就会理智尽失。

一位富商在生意场上十分能干，但在股票市场却赔得一塌糊涂。他说："如果能够像对待生意那样平静地接受股市里的得失，那么我一定能靠股票交易赚很多钱——可惜我做不到。贪婪是所有投机者的通病。"

某位成功的投机者说："如果我能对自己的判断多点信心，我一定会做得更好。每天早上我都决定按照投资计划执行交易，但中途却无法坚持，最后发现其实最初的判断才是最合理的。"

有些投机者按照每日行情模拟交易时总是很成功，也正是这些人喜欢指点别人的操作。我曾遇到过这样一个人，他打算在市场中验证自己的判断，随后他果真这么做了。显然，在这种人眼里模拟市场与实际情况是一致的，他觉得钱放在口袋里和放在股市上并无区别。然而随着财富的增长，他这种投机赌博的热情越来越高涨。他要么被股票发行商释放的虚假新闻蒙蔽，要么在交易中变得急躁、脆弱、充满焦虑，时刻被矛盾的情绪左右。这些都是他在之前纸上谈兵的模拟交易中不曾感受到的。多数情况下，能提出好的投机建议并不代表能靠投机赚钱。亲自下水前，最好先想想自己是否适合投机。

赌徒要在很短的时间内决定押大还是押小，其带来的精神上的紧张并不会延续很久。但在股票投机中，这种心理压力会持续数周甚至数月。在此过程中，交易导致的资产增减会给投机者带来长时间的担忧，进而对自己的判断能力产生怀疑。他可以成为一个勇敢的失败者或者糟糕的失败者。如果理智地接受损失，保持头脑清醒，则还有翻盘的机会；但如果为此方寸大乱，可能会因过度交易而亏损严重。这么看，准确的推理能力是投机者成功的关键，同时还应勇敢地应对各种情况，无论是漫长的等待，还是保证金即将用尽，或者市场出现意外波动。

"丧气"在华尔街十分常见。投机者或许准确地判断出了股市的波动情况，并预见市场即将好转，但却在转机到来、即将丰收的前一周甚至前一天"丧气"了，进而导致交易失败。业余投机者很容易陷入这种情况，有时连交易高手都难以避免，甚至出现更糟糕的现象——投机者变得优柔寡断、丧失执行力或者陷入臆想。我通过观察发现，一些经验丰富的交易高手在丧气后，居然听信某些不负责任的记者鼓吹市场即将崩盘，匆匆忙忙将手中的股票清仓。

大盘上涨时交易大厅里的投机者们个个兴高采烈、围绕着行情喋喋不休；当市场稍有下滑趋势，他们便一个个垂头丧气，郁郁寡欢。同一个交易大厅，熊市中会变得悄无声息。股票经理只能让他们别一直盯着那些亏本的股票，但起不到什么作用。

一家大型股票经纪公司的经理表示："我不愿意看到股民赔钱，但即使他们不在这儿赔掉，也会在别处赔掉，对此我自己也一样。尽管我才42岁，但只要有人愿意给我每年5000美元的年金，我很愿意退休。比起投机，我更愿意选择好胃口和睡好觉。朋友们都觉得我很聪明，的确如此，有时我的判断很准确，但我并不比大多数投机者强多少。大部分投机者都是输家。很多人无法意识到这场游戏最简单的一个原则——接受小额损失。在这场竞赛中，人们往往会失去自我，那些用保证金进行投机交易的人完全被冲动控制着。即使深陷市场恐慌我也会保持冷静，为了确保公司不赔钱，我只能强制牺牲那些投机者的利益。不是我残忍，而是不得不这样做。在面对巨亏甚至破产的压力时，很少有人能保持冷静，我自己同样做不到，这也是我在投机中赔钱的主要原因。"

"另外，一般投机者都会在股票表现强劲时买入，而在疲软时卖出。这是一种常见的谬误。无论是牛市还是熊市，股价总会在震荡中上下波动。因此，某只股票表现抢眼可能只是表面现象，实际状况恰恰相反：在股民大量买入时，内部人士趁机抛出，股价随即下跌；熊市中则反之。"

在正常运行的市场中，投机者的心理因素对交易非常重要。在阴雨连绵的天气环境下，投机者会丧失信心、减少交易；但在干燥晴朗的日子里，股民的情绪会随之高涨，对市场充满乐观。通常情况下，投机者都是乐观主义者，有时甚至是狂热分子，但同时他们极易被影响，也许是天气，也许是流言。多数情况下，投机者都是败给自己的性格缺陷。这一点股票经纪人会看得很清楚，但投机者自己却浑然不知。

普通投机者对自己的判断都充满自信，有时甚至过于自负。经过研究我发现，有些投机者因听取经纪人的建议获利后，往往将获利归功于自己杰出的判断力；反之，如果出现亏损，他们会毫不犹豫地责备经纪人判断错误，而绝不会承认是自己的投机策略或推理能力出了问题。有经验的经纪人都深知这一点。

这种自以为是的性格导致投机者普遍无法接受小额亏损。现在股市的平均投机回报率为 1% ~ 3%，损失率为 5% ~ 10%。投机者的成本包括每次交易 0.25% 的佣金以及每百股 0.125% ~ 0.375% 的股票利息。也就是说，投机者必须进行 4 轮 1% 收益的交易才能获得 1% 的总回报率。这对于投机者无疑十分不利。那些只能获得小额利润却经常出现大面积亏损的业余投机者们必须意识到，仅凭自己不成熟的判断是无法在流沙般的市场中存活的。

假设某投机者用 10% 的保证金买入某只股票，计划上涨 1.5 个点后卖出获利，结果却下跌了 1.5 个点。他选择持仓等待，尽管有些许怀疑，但他还是倾向于相信自己先前的判断；然而下跌还在继续，用他自己的话说，是不愿"服输"。他确信自己是对的并继续坚守。直到最后，经纪人告诉他，如果不增加保证金就只能被强行平仓了，他才不得不抛出股票。

一个成功的交易者可以在每 4 笔交易中获得 1% 的收益率，而无需像新手们那样先经历一段损失多、利润少的过程。如果做不到这点，那么他在市场上就不会有很大的获利空间，最好及时放弃股票投机转向其他领域。

我不止一次看到这种情况：同样是通过经纪公司进行交易，一个投机者以市价买入某只股票，而另一个投机者以相同价格卖空，最后两人都赔了钱。举个例子，A 以每股 124.875 美元的价格买入 100 股糖业公司的股票，B 则以同样的价格同时卖空 100 股糖业公司的股票。此时价格已处于高位。第二天，该股票跌至 123 美元，A 一紧张决定清仓，损失了 212.5 美元；而 B 此时正为自己凭敏锐的判断力带来的 1% 利润而兴奋不已，他决定继续等待该股进一步下跌。结果两天后，这只股票不但恢复了初始价格，还涨到 128.5 美元。B 在此次交易中损失了 362.5 美元。业余交易者经常这么做。

被操纵的股票很容易暴跌，目的是在该股上升之前把保证金交易者挤出市场。保证金交易者们往往会理智地评估下滑趋势，当发现损失太大便会清仓。这正是庄家所希望看到的，他们会果断抓住机会，低价吸入股票并重新拉高。投机者可能会事后自欺欺人地安慰自己："我就知道这只股票绝对有希望。当初不是计划好了要涨到某某点才卖出的吗？真是不走运，再多坚持一会儿熬过下跌就好了。"其实这只是一种错觉。还有许多买了该股票的人，在同样情况下选择了卖出。只有在全部或大部分的散股被抛出时，下跌才会停止。正是太多保证金交易者持有该股票才导致随后出现被人为操纵的下跌。这些散户们的抛售是操作者日后拉升的必备条件，其在顶点处的买入帮助操纵者测试了该股的上涨潜力。直到现在普通投机者们还没意识到自己对股票的下滑和后市的反弹起到了推波助澜的作用。换句话说，他们的判断从头到尾都是错的，始终是自欺欺人，股市操纵者毫不费力地就让这些人上了当。

多去股票经纪公司转一转，听一听市场意见和投机者的交易理由，就会明白大家为什么都赔钱了。很多人完全靠猜测进行交易，"喜欢这只股票"、"我想赚大钱"、"我听说……"这样的交易者占绝大多数。他们都患了"投机热"，没时间也没心情用常识进行投机。

某客户告诉他的经纪人："以 150 美元的价格买入 100 股'大都会铁路'。"于是经纪人花了 15 000 美元完成了其指令。不过该股票的价格可能会大幅波动。

经纪人问客户买入理由，他答道："我朋友史密斯说这只股票会涨。"

"史密斯是谁？"

"我的邻居，他从琼斯那里听说的，琼斯的哥哥是大都会铁路公司的主管。"

这位投机者就是一个典型。如果是普通生意，他真的能不详细调查市场情况以及公司当前和预期的盈亏状况，就随便投入 15 000 美元吗？琼斯和史密斯还会对他的投资造成这么的大影响吗？当然不会！然而在股票市场，人们每天都会做出成千上万笔不问任何理由的交易。

因此，要想进行股市投机，最好先问问自己，你有快速而准确的决断力去和那群世界上最聪明的人对决吗？如果答案是肯定的，那么华尔街就是个充满机会的好地方，你很快就会成为富翁了。

一个有趣的问题

一位记者问："巨额空头净额、轧空、股票拆借费率，这些词都是什么意思？"

能提出这种问题，说明提问者对卖空交易缺乏了解。"卖空"这一术语最早由银行家提出，大多数人可能更关心股市下跌时怎样对其进行可行的操作。目前的操作方法十分先进，在此之前，普遍采用的是"买卖期权"，即通过合约约定在未来一定时期可以按履约价格进行买卖的权利。现在基本没人使用这种笨拙的交易方法了，除非在很难借到股票时才会偶尔使用。

在股市上涨时操作，只需买卖双方即可执行股票交易合同。卖方把股票交付给买方并收款，交易结束。

纽约证券交易所目前流行的下跌时的操作方法需涉及三方才能执行。假设人民天然气公司的股票正在平价出售，A 未持有任何该公司股份但看跌其股票。于是他发盘，愿意平价卖出 100 股人民天然气的股票；B 接受交易，愿以平价从 A 处买入 100 股。A 马上向持有人民天然气股票的 C 借入 100 股交付给 B，B 向 A 支付 10 000 美元。到此，A 与 B 的交易便结束了。但 A 向 C 拆借了股票，故必须付给 C 10 000 美元作为保证金。一段时间后人民天然气的股票跌到 95 美元。A 从 D 处按当前价 95 美元买入 100 股还给 C，C 返还之前的 10 000 美元保证金给 A。在 A 与 B 的这场交易中，A 利用下跌赚了 500 美元。

这一交易可能会出现以下问题。A 一定能从 C 处借到股票吗？其实，就算不是 C 也总有人持有股票并愿意拆借，因为以现价借出股票的风险极小，同时还能以低于银行借款利息水平的股票拆借利息使用 A 支付的保证金。此外，如果 C 向银行借款 10 000 美元，就必须提供价值 12 000 美元的贷款抵押品；而通过把股票借给 A，C 相当于以 10 000 美元的抵押获得了 10 000 美元的款项。

股票拆借在市场上十分普遍，筹借股票就像在银行借钱一样平常。客户只需向经纪人下达卖出指令，准备好相应的保证金，经纪人就会与其他同事一起协调股票拆借事宜。

如果市场公认某只股票将会下跌，许多人会同时伺机做空。这种情况下，对该股的借入需求就会超过股票当前供给，拆借费率下降。如前文所说，A 为了筹借股票向 C 支付了 10 000 美元保证金。假设现在市场利率为 4%，在前述的正常情况下拆借股票的利率为 3.5%，但现在股票的筹借需求相当大，借出方只需支付 2% 甚至更低的费率即可使用保证金。

如果市场对该股票的需求过于旺盛，拆借利率甚至会为零，即出借方无需支付保证金利息。在更极端的情况下，A 为了借到股票，不但允许 C 无偿使用保证金，还会额外付给 C 一笔费用，即溢价。这笔费用通常为股票价格的 0.39% ~ 1%。熊市经常出现 0.0625% 的溢价率，即，A 为了所筹借的 100 股股票，不但以无息方式支付保证金，还要付给 C 每天 6.25 美元的溢价费。这笔费用当然由借入股票方的客户来支付。

一般而言，做空比做多的成本更低。股票下跌时，操盘者卖空无分红股票没有任何利息，除非出现空头净额，这时操作者需要支付溢价。与此相比，上涨时则不利于操盘。一些股票交易所允许客户通过卖空获得一部分利息收入，交易商也更倾向于做空而非做多，前者无需太多资金，因为筹借股票所需的资金也是由买方支付的。

以上是对"轧空"的解释。如果很多人在筹借股票，出借方大致清楚筹借方的情况和相应的需求量。根据规则，筹借方可在任意时间返还股票并收回保证金，再找到其他股票出借者的情况下，出借方可以在任意时间返还保证金并收回股票。

熊市来临之际，股票持有者的资产会贬值。因此，他们有时会联合起来形成较大额的股票组合，以便能满足某日市场上出现的相应筹借需求。结果就是，筹借方在被要求返还股票时由于供给变少，找不到其他出借方，只能自己在市场上以现价买入股票完成交割。这种突然出现的买方力量将拉升股价，尤其对那些收回股票的多头来说更是值得把握的机会。

这种情况下空头会陷入不利局面。不过，轧空并不会持续很久，其影响也有限。确实有轧空时股价一日之内上涨 30 ~ 40 个点的情况，10

个点的股价升幅也较为常见。通常情况下，轧空带来的总收益不超过
4 ~ 5个点，因为股票持有者与其他人一样清楚股价下跌的原因，会利用
这次股价攀升赶紧清仓，这样一来，就又为空头们提供了足够的股票用
来交付。空方净额也因此获得人们的关注，因为这次上涨并非基于股票
价值的提升，而是出于股票交付的需求。

"逼仓"是一种极少发生的灾难性事件。它是指空方出于过度自信，
卖掉了超过实际存在数量的股票，从而导致筹集不到足够股票完成交付，
这种情况下，多头可以根据自己意愿任意为股票定价。理论上，空方
会被尾盘逼仓彻底压垮，但现在市场往往充斥着巨额资本，这种情况很
难发生。股市最近一次逼仓发生于北太平洋公司的股票。逼仓通常会给
只买一只股票的股民和被套住的空头带来极大损失。为避免出现这种情
况，市场中颇具实力的大户一再反对逼仓行为，直到超卖情况得到改善。
1884 年，古尔德（Jay Gould）先生本有机会对密苏里太平洋铁路的空头
们进行逼仓，但他坚决抵制此类行为，所以并没有这么做。

总体来看，做空仍然比做多面临更少的风险。注意，一般仅对市场
容量大的股票卖空，它们往往股权分散、交易活跃。卖空零散股会稍微
麻烦一些，因为经纪人为了交付20 ~ 30股往往需要借入100 股，不过
正常情况下他们都能很好地处理这一问题。

公众不希望市场出现下跌，一方面是因为难以理解卖空操作，另一
方面是自然而然地抵触在下跌中操盘。即使在专业的投机者当中，也有
很多人本能地反感对市场做空。一个出色的交易者必须学会克服这种感
觉，因为熊市往往比牛市持续时间更长，尤其近些年，十年中至少有五

年都要以空头身份在市场上进行交易。

人们总说做空不赚钱，那是因为国家发展需要看多市场的人，为此甚至不惜借助资产重组。这一点在未来相当长的一段时间内都将如此。然而，大部分人都是在做多而非做空时亏本，所以没理由反对空头交易，尤其是熊市即将来临之时。

操纵市场

一位经验丰富的庄家这样描述操纵股票的方法和"做"市的过程。

人们只有在极其明显的情况下才会真正了解股票的价值，比如某只股票涨到很高的位置。经验表明，有时公众会认为一只实际上很贵的股票很便宜，而另一只股票却价格过高，尽管该股价远低于其真正价值。对股票交易所里的投机而言，便宜的含义为其价格低于价值；而价值等于内在价值加上未来价值以及交易价值。股市里，大操纵者往往会轮流坐庄。此外，股权是可以被计量的，散户持有的股票数量也是能被估计出来的。

为了防止操纵过程中出现大户抛售，首先须将机构持股归拢至一处。如果某些大户所持股份仍在流通，操纵者必须与其达成共识，制订好在长期内持续低价加仓的计划。计划的执行主要是通过操纵方式将股价控制在一定区间。有时股市自身也会帮点忙，引诱投机新手亏本卖出股票。想买入股票的操纵者会继续造势，以达到让普通散户抛出该股票的目的，有时连内部持股人也会被清出市场。为了促成下跌的局面，操纵者会频繁地进行对盘交易，实际上是自买自卖。巨额订单往往无人接盘，导致成交价格不断下降，操纵者借机低价吸入股票。

庄家很难完全依靠自有资金坐市交易，因此资金的来源是个问题。操纵者往往选择在货币市场稳定的时候对市场进行控制，他们会雇用货币经纪人从银行借入大量短期贷款，以拟操作股票为抵押物。这种贷款被称为"特殊贷款"，利息和回报都相当高。

公关部也有自己的任务，实际上，所有大操纵者都会把这件事当成自己的任务。除了要发布影响股市的闲言碎语，还要确保散发出去的消息尽量不引起公众的怀疑。这项工作往往由与各大报社和新闻机构联系密切的人负责，然后通过它们散步到全国各地。如果任务完成出色，造势者将获得丰厚的报酬。机构内部则须对消息守口如瓶，等时机成熟再出来向公众解释股票为什么会上升或下降。事实上，这些消息都是内部交易者和机构自己提供的，当然会比公众先一步得知其影响。这些伎俩引发了华尔街最热门的道德辩论。

股票交易所的运行机制大同小异。操作者给各类经纪人下达买入指令，或者小心低调买入，或者公开高调竞购。卖出股票时同样如此，经纪人很少有时间持续关注某个买入或卖出行为，因此所有交易都会被经纪人适时"清理"掉，但不是清除委托人的名字，而是自己接手，冲销买入和卖出交易。

此时，市场条件很适合被操纵，公众热情已经被之前散步的消息调动起来。证券公司的经纪人也接到了很多关于这只活跃股票的咨询。经纪人也是审时度势、判断市场情况的高手，毕竟其毕生都致力于研究股票价值和观察市场操纵行为。于是他们会建议公众买入，但正如通常情况那样，他们的建议不会被股民采纳，仅有少数投机者因此下单。不过，机构会继续按其计划进行操纵，他们开始大量买入配合少量卖出，其中一些是实际交易，一些只是靠订单匹配对冲。这种情况即便是经纪人也无法分辨。总之，操作者这么做的结果就是公众对该股的投机热情高涨，交易所开始接到大量买入订单。随着越来越多的消息被披露，该股会渐渐成为热门的公众话题。

这种情况下股价通常会上涨数点，机构开始考虑适当抛售。公关部又一次开始发挥巨大作用，对这只股票进行无所不用其极的宣传。第二天早上，所有的交易所都会接到雪片般的买入订单，该股票开盘交易极其活跃。庄家会委托不同的经纪人下达数以千记的卖出订单，当然也会配合一定量的买入订单，在开盘时造成"有抛就接"的假象。除了公众一夜间买入的订单，机构的卖出净额足以继续为该股造势。随后，机构又发起新一波的大量积极买入，配以少量卖出订单，巨大的交易量引起公众广泛关注，并促使其大量跟买该股票。

此后，公众会变成该股的做多主力，机构仅时不时地配合操作。直到股价被推到远高于其价值时，庄家开始择机清仓获利。用不了多久，关于影响股票价值的各种官方、非官方和内部消息，如分红、可转债、战略合作以及并购等开始一一发布，对股票的下跌做出貌似合理的解释。

关于市场操纵行为，查尔斯·道（Charles Dow）先生表示："通常股票交易所的交易代表了对股票的供求。但投资者仅占了其中很小一部分，更多的是专业机构和庄家，他们为了实现预期收益而对市场进行操纵。"

股票交易可分为专业交易和公众交易，二者之间存在很大的差别。专业交易者指的是能够操纵股市的机构和以股票交易为日常工作的专业人士；而普通公众则包括股票投资者，以及那些半投机性质的操作者。专业交易者时刻关注着市场动向并频繁交易，普通公众则交易行为多变，充满不确定性。

专业交易者占据着市场的两端，大额买入或者大量抛出。公众则只求进行明智的投资。庄家操纵他人去入手其想卖的股票，或者抛出其想买的股票。庄家操纵都以大众为目标，即便是专业的个人交易者也仅仅能从大操纵者手中稍微分点甜头。

某财团股票的账面利润高达1000万美元，可通过卖掉股票将其变现，于是该财团找到一些经验丰富的操盘手，设局让公众买入其股票，并在一旁配合发布利好消息。

股票自身价值几许以及公司资质是否可靠对即将进行市场操纵的操盘手来说十分重要，不过具体操纵方法大同小异。不管怎样，首先要让投资者对该股产生兴趣并给予关注。达到这一目的的方式是让经纪人、投机者和股评家们找到牵动该股价变化的原因并做出相关报道。

操盘手这时往往会告诉他的朋友们，这只股票即将异常活跃并大幅上涨。这一消息很快会引来大批专业炒家，因为他们知道操纵大量股票需要相当长的一段时间才能完成，此前将维持数日的上涨，这时候交易是安全的。另外，操盘者深知，吸引大众眼球的最佳办法之一就是让人们口口相传自己曾靠这只股票赚到过钱。所以，从这场操纵开始初期介入交易的确会赚钱，同时仅需承担较小的风险。

操盘者必须保证该股票处于活跃状态，将日交易量维持在 1～2 万股，投资者才会对市场抱有信心，相信即使出现问题他们也可以及时脱手。与下跌的股票相比，普通散户更愿意购买上涨的股票。因此，在市场允许的情况下，最好让即将被抛售的股票保持强劲的上涨趋势。

操纵的力度越大，专业机构的成交量越大，普通公众对该股票的兴趣就越浓。这时，散户们会开始试探性买入，发现该股仍然坚挺后信心大增，大量买入。股价上涨，操纵者完成清仓，机构也渐渐离场，普通股民在此过程中则有赚有赔。

在股市中这种情况并不鲜见，通常是大户希望普通公众能对某只股票进行交易而造势，然后再利用这种情况达到自己想要的目的。操纵者知道，如果能让散户对某些价值确定的股票进行交易，那么也可以引导他们关注其他股票。因此，操纵者通常会使用一些手段刺激三四只个股上涨，以此引诱公众入市。一旦其如愿以偿，就会推动市场放量；倘若没有散户大量买入，他们将在几日内偃旗息鼓，等待更加合适的时机行事。

散户的交易规则与专业交易者并无不同。当某只股票表现活跃时，首先观察其价值：如果价格相对价值较低，只要仍保持活跃便可进行交易，一旦其交易量下降则最好卖出；如果价格已经明显高于价值，则应谨慎入市，并设置止损指令，以防股价大幅下跌。

一般而言，对新股进行操纵是为了获得理想的发行价。对于那些已上市的股票，多头操纵往往是为了利用未被披露的利好消息套现，空头操纵 80% 则是为了削弱利空消息给自己带来的影响，另外 20% 是在为低价建仓做准备，以待日后的拉升。

总体来说，空头操作是建立在股价已经过高的基础上。我们并不建议投机者去购买被操纵的股票，除非本轮操纵结束并且出现了一些反弹指标。

关于股市操纵，道先生还说过："股市通常存在活跃和休眠两种状态，活跃状态因操纵行为而起，被庄家操纵和公众行为共同推动。专业炒手和散户们通常都会跟随拉高某股股价的机构或个人进行操作。"

操盘手和普通交易者的最大区别在于，操盘手会尝试利用他认为的利好条件进行操作。他相信三个月内这些利好条件肯定会对该股股价有所促进，因此他会悄悄加仓，缓慢或快速推动股价上涨，最后希望公众能从他手中接盘。这场博弈的关键在于普通散户是否能按其意愿行事。

多数情况下，大户带动的持续性强劲上涨会吸引诸多散户买入，给予操盘手出货的时间。普通投机者往往选择在上涨而非下跌时买入股票，而投资者则会在上涨时卖出，在下跌中买入。华尔街某位经验丰富的操盘手表示，任何一只有价值且有一定影响力的股票都能被推到一定价位，只要操纵者愿意支付 25 万美元左右的费用。

这笔费用主要用于宣传造势。根据股票交易所的规则，禁止 A 告知 B 可从 C 处买入某特定价格的股票，但不能禁止 A 让 B 买入 10 000 股某股的同时让 C 卖出 10 000 股该股票。经纪人可借这种方法任意买入或卖出。市场虽然有虚假的成分，但一定程度上却是合法的，任何人都有机会以当前价进行股票交易。

对单只股票进行多头操作要比对整个股市进行多头操作容易得多，因为后者需要影响众多股票。但从另一方面看，由于可以邀请多个合作机构共同操作，而且只要刺激一只股票就能借其他做多者之力提高市场活跃度，因此有时对整个市场做多也没那么难。

牛市中，庄家通常会选择保持两三只主要股票的活跃状态，然后让尽可能多的公众注意到这些股票的价格正在攀升。操纵者通常会选择优质股票，因为这类股票更容易吸引投机人，且流通股供应量往往有限。这就是为什么圣保罗集团的股票总会领涨，也是多头行情开始时博克岛、西北铁路等类似股票大幅上涨的原因。

这类优质股票被拉高5～10个点时，庄家开始转入一般股票，因为散户不会购买已经经历过大幅上涨、价格处于高位的股票，而是愿意选择便宜的股票，哪怕这些股票的价格已经超出其内在价值。在这些普通股票的价格也上升了数点之后，庄家会转而炒作价格更低的股票。多年的经验证实，一旦庄家转向伊利（Erie）这种股票时，就表明上涨行情即将结束，因为伊利公司的股票被公认其内在价值极低，拉高这只股票说明庄家在转移公众注意力，其他股票已经进入清仓尾声，大盘即将转向。

在一场多头操纵中，庄家在完成低价股票的抛售后，有时会重新按相同手法进行新一轮操作，先从高价股开始，然后是普通股，最后是市场里最廉价的那些股票。

专家解读

　　如果要给投机者一个定义的话，那么就必须提到另外一个定义——投资者。除去投资者的交易者都是投机者。试图在投资和投机之间取得一个中和平衡位置的交易者，必定会最终滑向两者之一。一般而言，投资者关注的不是市场交易本身，而是股票发行机构本身的经营状况以及行业前景等。而投机者更多地是关注市场中股票价格的波动，他们依靠波动赚取利润，丝毫不关心股票发行机构本身的经营状况。本章中作者总结分析了大部分投机者的特征。其中，绝对规则是每一个交易者的必修课。无论你是投资还是投机，首先要有始终如一的态度。如果经过冷静客观的分析，发现某只股票适合做多，那么就不应在大盘出现不利局面时继续放大这种不利，进而在交易执行上改弦更张。对于第二条，是要告诉交易者危机来临之时应临机决断。而作为投资者，有时也要采取静观其变的态度，因为建仓需要时间，清仓同样也需要时间。当然，对这一条的坚守还有一个重要的前提，即危机到底应如何定义。我交易这十多年来，感觉"5·30事件"算是一个危机了，其他时间尚未感觉到A股市场有什么危机。顶多就是涨幅过快，需要小幅下跌予以平衡。只可惜，当时经历"5·30事件"之时，由于我没有临机决断，因此遭受重创！现在想一想，一个交易者一生中能撑过几次这样的危机呢？所以，交易者应认真对待每一笔股市操作。最后一条也是我迄今为止一贯奉行的交易原则——情况不明时，保存实力为上策。看不懂就不做，虽然这只股票可能会飙涨，但也是极其危险的。对于绝对规则，我认为应该加上一条：只交易你看得懂的股票。

对于相对规则，其对绝大多数散户交易者而言可以总结为一句话：参与交投活跃的股票，追涨杀跌。而对手握重金的机构投资者或者价值投资者可以总结为：左侧交易，性格坚韧。另外，建议读者认真阅读本章中的几个案例，并设身处地地想一想，倘若自己是这几个案例中的主人公，能不能承受这样的压力，能不能做出正确的决断。作为一名普通的股票交易者，我们所能做的仅仅是将自身的优点发挥到极致，对于缺点则尽可能规避。这样的做法比费时费力地纠正自身的缺点要见效得多。

第九章

不同市场阶段的投机交易

至于判定什么时候是繁荣的终结，股市上有很多不同的描述，但有一点是可以肯定的，疯狂上涨之后必定伴随着暴跌。当周边不谈论股票的人都开始谈论股票，许多人纷纷辞职专门炒股，而与此同时市场的大幅震荡却在加剧，利好消息频传……此时就是你该离场的时候。

市场恐慌阶段

本节主要介绍了几只活跃股票在 1873 年、1884 年、1893 年、1895 年和 1901 年五次市场恐慌期间的表现。数据包括恐慌发生前一天或前几天的最高价和恐慌中的最低价，收复指恐慌结束后若干天或一周内股价相比恐慌期间最低点的回升幅度。

1873 年的市场恐慌是最严重的一次，纽约证券交易所不得不闭市。除了湖滨公司和西联快汇公司的股票暴跌之外，其他股票的跌幅并不算大。恐慌是由延续一周的市场过热引起的，最终在周六爆发。8 只活跃股票在那次恐慌中的平均跌幅为 10.32 点，以下是详细数据。

1873 年恐慌	最高价	最低价	跌幅	收复
纽约中央铁路	95	89	6	6
伊利湖	56.125	50.75	5.375	2.375

（续）

1873 年恐慌	最高价	最低价	跌幅	收复
湖滨公司	88	68	20	11
瓦巴什	50	42.5	7.5	7
岩岛铁路	95	86	9	10.25
圣保罗	37.5	30	7.5	5.5
特拉华铁路	92.5	86	6.5	7.125
西联快汇	76	54.25	21.75	19.25

1884 年的股市恐慌则呈现出较大的整体下跌幅度，5 月 13 日到 16 日之间，许多股票下跌了 8 ~ 15 点。恐慌延续了两天，之后 8 只股票的反弹幅度达跌幅的 5/8。以下是详细数据。

1884 年恐慌	最高价	最低价	跌幅	收复
湖滨公司	94	81	13	8.875
岩岛铁路	116.25	109.5	6.75	6.25
圣保罗	77	65	12	7.625
伯灵顿	118	114.25	3.75	3.75
路易斯维尔	44	30.25	13.75	5
密苏里太平洋铁路	80	65	15	7.25
联合太平洋铁路	50	41.5	8.5	3.875
西联快汇	60	51.75	8.25	5.875

1893 年的市场恐慌也不太严重。8 只活跃股票平均下跌了 7.34%，只有少数几只股票跌幅超过 10 个点。下表引用的股票分别下跌了 7 ~ 9 个点，恐慌过后，每只股票的反弹幅度都超过其跌幅。以下是详细数据。

1893 年恐慌	最高价	最低价	跌幅	收复
伯灵顿	74	69.25	4.75	10.75
圣保罗	52	46.375	5.625	9
岩岛铁路	58	53	5	8.25
路易斯维尔	53	47.25	7.5	10.125
密苏里太平洋铁路	23	16.5	6.5	6.5
美国糖业	73	66.75	6.25	8.375
芝加哥煤气	53	43.5	9.5	8.25
西联快汇	75	67.5	7.5	10.625

　　1895 年委内瑞拉发生的股市恐慌与纽约证券交易所 1873 年和 1884 年的严重程度相近，10 只活跃股的平均跌幅为 9.72%，很大一部分股票下跌超过 10 个点。反弹幅度约占跌幅的 2/3，属于正常范围。以下是详细数据。

1895 年恐慌	最高价	最低价	跌幅	收复
伯灵顿	199.875	178	21.875	14.5
圣保罗	72.375	60.5	11.875	7.5
岩岛铁路	72.5	59	13.5	10
纽约中央铁路	98	90.5	7.5	7.25
路易斯维尔	49.125	39	10.125	6.25
密苏里太平洋铁路	27.625	19.5	8.125	6.25
泽西铁路	105.5	93	12.5	8.25

（续）

1895 年恐慌	最高价	最低价	跌幅	收复
美国糖业	100.5	92	8.5	7.875
芝加哥煤气	68.5	57.5	11	7.875
西联快汇	88.25	82.5	5.75	4.25

以下是 1901 年股市恐慌期间一些股票的波动情况。

1901 年恐慌	最高价	最低价	跌幅	收复
艾奇逊铁路	90.25	43	47.25	33
伯灵顿	199.625	178	21.625	14.5
圣保罗	188	134	54	29.5
岩岛铁路	169.875	125	44.875	28
路易斯维尔	111.5	76	35.5	27.75
曼哈顿铁路	131.75	83	48.75	32.75
密苏里太平洋铁路	116.75	72	44.75	36.5
纽约中央铁路	170	140	30	15
联合太平洋	133	76	57	47.5
联合铜业	128.5	90	38.5	32
美国烟草	130.875	99	31.875	25.75
人民油气	119.5	98.5	21	13.25
美国钢铁	55	24	31	22

与前几次下跌相比，这次股市恐慌中的跌幅令人吃惊。艾奇逊铁路、圣保罗、岩岛铁路、曼哈顿铁路、密苏里太平洋铁路和联合太平洋公司

股票的跌幅均超过 40 点。有几只股票的高点和低点间隔了一周甚至更长时间，下跌主要出现在 5 月 9 日，当日的最低价普遍比 5 月 8 日的收盘价下跌规模大。

反弹同样激烈。一周内，联合太平洋股票在出现 57 点下跌后又回升了 47.5 点，密苏里太平洋铁路股票则在下跌 44.75 点后又反弹了 36.5 点。其他股票也出现类似状况，该月出现的恐慌造成的波动幅度之大，在美国历史上也颇为罕见。

人们对恐慌袭来和结束的速度之快感到震惊不已。好在恐慌过后，股市马上获得快速且大幅的回升，这次恐慌才不至于演变为一场巨大的金融风暴。

恐慌过后的市场还出现了一些后遗症。如果 1901 年 5 月 9 日的低价再持续 24 小时，其后果会更为严重。5 月 9 日的市场震荡表明，就算股权相对集中，券商也有足够的偿付能力，当年的抛售风潮带来的巨大交易量仍然推动股价一路狂跌。也就是说，在日交易量为两三百万股的市场环境下，其价格波动的幅度也将相应放大。交易量和股价波动之间有着密切联系，一旦买卖双方的平衡被打破，活跃的市场也往往会出现股价的大幅震荡。

繁荣的终结

1902 年的秋天，许多股票急速膨胀，创下其历史上的高位。但在空前的繁荣过后市场急转直下，股市出现大幅崩盘。下面描述的是当时的几个片段。

1901 年股市的前四个月就像是 1881 年上半年股市历史的重演。在 1881 年，柏林顿 & 昆西公司的股票均上涨了 22.5 个点，圣保罗股票上涨 28 个点，西北铁路股票上涨 23 个点，湖滨公司股票上涨 17.75 点，路易斯维尔股票上涨 59.5 点，纽约中央铁路股票上涨 27.5 点，巴拿马铁路股票上涨 60 点，西联快汇股票上涨 57 点。

一位保守的评论家曾这样描绘当时的情况："时至今日，再没有什么词汇能比'并购'更让投资者和资本家们亢奋不已了。假设两家毫无竞争关系的公司的股票价格均为 20 美元，买家屈指可数；一旦提议并购，以股易股，那么股价马上会直线上升 30 美元——40 美元——甚至 50 美元。如果公司以 100% 或更高比例增发等量股票，仍定价为每股 20 美元，那么股价仍能维持在票面价值以上的位置。这个例子有些极端，但说明了一个基本事实——大量公开发行的、从没进行过分红，以及未来也无分红预期的股票，现在每股价格竟高达 60 ~ 100 美元。而去年，每股仅为 20 ~ 40 美元时人们还都嫌贵。"

1901—1902 年的市场情况与上述情况极为相似。

1881 年 7 月 2 日，美国总统詹姆斯·加菲尔德（James Garfield）遇刺，一个星期后，美国铁路业爆发价格大战，随即而来的特殊气候又导致当年玉米产量大幅下滑。这一系列在当时被认为是"晴天霹雳"，市场随即崩盘。当年秋天，股票普遍比之前滑落了 10 ~ 20 个点，次级下跌趋势尤为严重。

直到 1882 年的仲夏，股市行情还没有大面积好转。而九月却迎来了市场高潮：泽西中央铁路股票上涨 33 点，圣保罗股票上涨 24 点，拉克万纳铁路股票上涨 34 点，伊利诺伊中央公司股票上涨 23 点，马尼托巴股票上涨 58 点。然而，从那以后市场便不温不火，这种情况一直延续到 11 月。在范德彼尔特先生的煽动下，大家甚至觉得上涨只是个玩笑。1882 年 11 月 18 日，货币市场处于"宽松的正常状态"，然而两天后，大盘居然上涨了 20%，后来涨幅升至 30%。银行的资金储备很快被用尽，出现了高达 300 万美元的赤字。一位记者曾这样报道当时的情况："股票市场的波动如此激烈，已经到了崩溃的边缘。钢铁贸易形势和铁路价格战是本次恐慌的诱因。居高不下的关税和快速推进的铁路建设大大刺激了铁轨的生产，并在短时间内为制造商带来了高额利润。早有人预言这种情况是不可持续的。"

事实的确如此。那个秋天，几家领先的工厂开始破产，萧条日益严重。到了该年年末，股票纷纷出现大幅下跌：伯灵顿 & 昆西铁路股票下跌 19 点，拉克万纳铁路股票下跌 23 点，纽约中央铁路股票下跌 11 点，联合太平洋铁路股票下跌 18 点，马尼托巴股票下跌 22 点，普尔曼钢铁公司股票下跌 23 点，俄勒冈造船公司股票下跌 25 点。这就是当年那场繁荣的终结。

1885 年、1886 年和 1895 年都出现过短期的市场繁荣，基本都因过度投机导致的货币市场短缺而告终。下面我们来看 1899 年的情况。当时，整个市场的希望都放在诸如布鲁克林地铁这种股票上，现在看来觉得十分好笑，但历史的确如此。券商和经纪人亲切地指点人们投机，对当时的社会和股票市场造成了极大影响：不仅布鲁克林地铁股票自己上涨超过60点，其他股票也纷纷上涨；伯灵顿和新泽西中央铁路股票上涨25点，拉克万纳股票上涨22点，曼哈顿铁路股票上涨81点，纽约中央铁路股票上涨20点。这次热潮的主要操纵者在5月13日突然死亡，其遗嘱执行人发现他的账户下没有任何股票。这位庄家清仓后一走了之，公众却不知道如何处理剩下的砸在手中的股票。当日市场上的领头股便下跌37点，此后再没回到之前的高位。曼哈顿铁路从此前的高点下跌了28点，大都会高架铁路下跌了54点，其他铁路股都普遍下跌了15～20点。之前与铁路股一起经历暴涨的新兴产业也陷入了困境。有趣的是，1899年这场投机潮的终结和货币市场没太大关联。

专家解读

不同的市场阶段，股票走势对待危机有不同的态度。对于有着上百年历史的欧美股市而言，市场的恐慌走势往往折射和反映出不同程度的经济危机。这一点对于尚处在发展中的A股市场并不适宜。那么，究竟应该如何判定市场所处的阶段呢？这肯定要看交易所依据的时间周期。

我们抛开价值投资和技术分析不论，仅从交易者这一层面来看，如果你的交易周期是以年为单位，那么你应该关注的是市场发生危机之时个股所处的地位；如果你的交易周期以月为单位，那么你的进出就要频繁得多；如果你的交易周期以周为单位，那么经济形势的颠簸和混沌状态一定会让你忙得不亦乐乎。以"5·30事件"为例，对于第一类交易者，完全不受影响，因为他们可以预判跌幅三个板还会涨回来，甚至更高；第二类交易者可能会研判一下上证指数的月 K 线，决定卖一部分留一部分；第三类交易者则一定会当机立断清仓观望，等待止跌企稳的交易机会。另外，从作者给出的几组不同时期股市恐慌的下跌收复失地数据统计表来看，我们至少可以得出这样一个结论：无论在哪一种情形下，市场最终都会收复大约 50% 的失地；强一点，61.8%；再强势一些会全部收复，甚至创出新高。其实，倘若你是一个有心的交易者，在"5·30 事件"之后统计一下不同个股收复失地的程度，很容易就能找出那些适合你参与交易并能快速获利的个股。无论什么时候，通过个股和大盘 K 线叠加对比来判定个股强弱的做法都是很有裨益的。

至于判定什么时候是繁荣的终结，股市上有很多不同的描述，但有一点是可以肯定的，疯狂上涨之后必定伴随着暴跌。当周边不谈论股票的人都开始谈论股票，许多人纷纷辞职专门炒股，而与此同时市场的大幅震荡却在加剧，利好消息频传……此时就是你该离场的时候。虽然后面也可能有可观的利润，但是和风险比较起来，不要也罢。这就叫舍得！

第十章

打新股交易

　　很多投资者没有耐心去申购新股，他们往往被二级市场的暴利所吸引，并最终在零和游戏中铩羽而归。其实，投资产品的选择和交易者本身的年龄以及修养有莫大的关系，沉静而内敛的交易者通常会选择打新股和价值投资。

    1895 年 2 月 19 日，摩根财团购买了即将发行的年利率 4% 的政府债券，从此揭开了对拟发行证券进行交易的序幕。在欧洲，类似的交易早已十分流行。投资者往往希望能提前购买到新发行的证券，于是他们会提前向经纪人提出申购，同时附上愿意支付的价格。认购协议继而出现，其中包括投资者对预购新证券的认可价格。

    摩根先生和贝尔蒙特先生就通过这种方式买入了 6231.5 万美元、年利率 4% 的政府债券。他们认为那些在境外公开募集的债券短期内不会在本国再次出售，否则将有悖于债券发行的初衷。但国外的经纪人都对未发行证券的操作十分擅长，因此在财政部正式发行第一批债券之前，债券价格已在频繁倒手之下大涨，最初的购买者们甚至从未见过该债券便已将其转手。他们实际交易的是购买 4% 利率美国国债的合同，合同中包含"何时发行，怎样发行"以及其他附加条款。摩根财团以 104.5 美元的价格买入债券认购协议，并在第二天以 112.25 美元的价格将协议向公众售卖。2 月 25 日，也就是在认购协议被公开发售 5 天后，关于该债券

的认购协议就已经出现在股票交易所的未上市部并被交易，其最初售价
为 118.125 美元，比公开售价高 5.875 美元。周末之前，该协议已上涨到
119.375 美元。不过，3 月 14 日第一批债券在市场上出现时，其价格并未
超过 120 美元。

这种认购协议的交易具有很大的投机因素。在债券正式发行之前，
没有以 112.4 美元买到认购协议的投机者，之所以后来仍要以超过 118 美
元的价格买入，是因为他们误以为在债券发行后需支付更高的价格。当
然，他们并没有从认购协议的投机中获利。

此次对拟发行债券的交易开阔了美国交易者的视野，他们发现，原
来可以更早地涉足新证券的交易。后来，当北太平洋铁路公司、雷丁公
司、艾奇逊铁路公司以及其他铁路公司陆续进行重组时，认购协议交易
在布罗德大街已经司空见惯了。外国银行家很多都是能精确计算套利和
外汇交易的行家，他们长期进行认购协议交易。一位银行家介绍，在一
只新证券正式发行之前，对其认购协议进行交易的利润有时高达 2.5 ～ 5
万美元。北太平洋铁路让很多人大赚了一笔，不过有人在艾奇逊铁路的
认购协议交易中小赔，因为没有提供足够的利息保证金。利息是一个十
分重要的因素，操作者的策略是买入旧股、抛出新股，在新股正式推出
前需要确定其出售价格，此时必须将新股发行前这段时间的资金成本考
虑在内。艾奇逊铁路股票的新股推出时间要晚于人们的预期，所以有些
人的利息保证金会不够用。

美国钢铁公司在证券交易所的首次亮相充分证明了认购协议在交易
中的巨大作用。当时，美国钢铁公司认购协议的交易价格的确影响了联

邦钢铁等子公司的股价波动。人们在无从得知美国钢铁公司旧股与新股的兑换比率时，市场上一片混乱，直到人们注意到新股的认购协议交易价格与旧股股价之间的关系时才恍然大悟。在去年3月的第二周，普通股认购协议的开盘价为38美元，优先股的认购协议开盘价则为82.75美元。3月28日，新股在交易所开盘上市时，普通股开盘价为42.75美元，而优先股则为92.75美元。那些打算靠买入旧股、卖出新股套利的人会发现，对股票交易的限制让他们很难通过这样的操作方式赚钱。有些交易者还试图在不同的交易所之间套利，指望能获得4~5个点的利润，但当他们发现市场被大财团们封锁得严严实实之后就不得不放弃了。

说到认购协议交易的风险，不得不提1902年的旧金山债券风波和美国钢铁债券事件。这两家债券的发行是为了回收之前发行的优先股，并且促使股票增值。财团们按照惯例签订新债认购协议，然后再想办法将其快速出手。在由摩根先生组织的大多数辛迪加①里，都要求成员自行持有一定比例的新股，只有获得特许后才能对其进行抛售。旧金山铁路的出资方是布朗兄弟公司，对其债券的认购协议就可以像股票一样在交易所流通。但在旧金山铁路债券一案中，其认购协议并未开立转让凭证。

旧金山债券风波中的问题在于，辛迪加协议规定了参与成员在新债券发行后必须一直持有。很难避免这种情况：在不知自己是否有转让权的情况下对认购协议进行出售，或者认为最后发行的数量足够周转。旧金山债券开始发行得很少，而美国钢铁公司可能只发行了5000万美元而

---

① 辛迪加：垄断组织的主要形式之一，是资本主义企业间关于共同销售商品和采购原料的协定。

非 2.5 亿美元的股票。这两个例子都证明提前交易拟发行证券可能含有一定风险。一方面，如果严格按照合同执行交割，强制卖方提供约定数量的证券，被交易股票的暂时匮乏可能将其价格推到天上；另一方面，美国钢铁公司发行的新股过少，认购协议会比之前预期价值更高，但卖方却不得不以约定价格将其卖出，对其而言也是一种损失。

事实上，无论发行方案变更还是取消，其发行风险始终存在。几年前，英国政府宣布发行印度新股，发行前认购协议已经在市场上炒疯了。结果，最后政府取消了这一计划，所有的交易都被作废，这引起了当时市场上很大的骚动。

专家解读

打新股交易，中签的收益率是非常稳定的，以至于许多资金大户经年累月在一级市场认购新股。这些巨额资金在没有新股发行时，也可以通过银行的各种短期理财产品获益，再加上申购中签的收益，也算是相当可观的无风险套利了。很多人认为这是中国特色的发行制度使然，其实在欧美一些成熟的股市中也存在优先股、认股权证和申购配售等交易形式。那么，一级市场和二级市场孰优孰劣呢？我可以尝试做出如下分析。

首先，打新股交易拼的是财力，炒股拼的是智力。对于财力资本不雄厚的交易者来说，打新股基本上是经常申购经常不中签。尽管现在 A 股市场的申购有了上限 2 万股的限制，但这种多少倾向于中小投资者利益的做法在海量的申购资金面前，仍然不能解决根本问题。对于海量资金而言，大不了多开些账户，况且目前一人多户的呼声也很高，很多券商已经接受一人多户的开户业务。所以，资金多才是根本。一般习惯上以百万为界限，之上容易中签，之下则有难度。但是想一想，百万资金中一签也仅有 500 股，交易者未免觉得不值。这就要求一级市场的申购者心态应平和。倘若市场处于熊市，资金大户躲在一级市场申购要轻松和愉快得多；而如果是牛市，则未免让人着急。

其次，打新股收益基本固定，没有暴利且零亏损。而现实情况是，很多投资者没有耐心去申购新股，他们往往被二级市场的暴利所吸引，并最终在零和游戏中铩羽而归。我认为投资产品的选择和交易者本身的年龄以及修养有很大的关系，沉静而内敛的交易者通常会选择打新股和价值投资。如今交易者素质普遍提高，许多人已经意识到股市是修行的场所，只有提升自身的修养和素质，洞悉人性，才能在股市中寻找到适合自己的生存之道。

最后强调一点，打新股交易几乎不用花费时间和精力，而炒股需要花费大量的时间和精力。多年来，我们往往看到在二级市场发大财的，而很少听闻有人在一级市场靠打新股交易赚到了巨额财富，其只是巨额财富的保值场所。因此，孰优孰劣仍需交易者自行判别。

第十一章

感受市场的变化

　　投机者要时刻谨记，信心的丧失和其获得一样迅速。市场实际价值的减少会让大家丧失信心，而信心的缺乏又会抑制市场交易。所以说，信心是商业的基础，投机的基础，也是价值存在的基础。

　　牛市突然停涨往往是因为对市场资金缺乏信心。银根一旦紧缩会迅速蔓延到商业，导致失业增多，最终形成一个大的循环。通常这个循环会持续到市场完成自我修复为止。

　　华尔街有个理论：若市场三次触顶后出现下降，则表明后市还将出现更大的下跌，但这一理论缺乏实证支撑。不过，该现象能够说明在这一点出现了上涨阻力。

　　大幅上涨后的下跌可分为两个阶段：第一个阶段，市场疲软和止损指令的执行会导致快速滑落；第二个阶段，空头战胜了多头后会出现缓慢下跌。正如经常在旺盛的市场中看到的那样，这种下跌毫无章法可循，并且充满各种震荡反弹。

　　投机者要时刻谨记，信心的丧失和其获得一样迅速。市场实际价值的减少会让大家丧失信心，如果大家都缺乏信心也会抑制市场交易。信心是商业的基础，投机的基础，也是价值存在的基础。

　　当市场不再上涨、失去向上势头时，往往会导致空方势力逐步增加，最终出现下跌。所以，最好在上涨强势时卖出股票，而非等市场疲软后才这么做。因为见顶后的上涨会吓退空方，就像价格在底部时多头不敢买入一样。

很多交易法则看起来很完美，然而在实际交易中，几乎全部法则都会被打破。如果施行这些交易法则充满危险或者成本很高，大多数人将不愿或无法按其进行交易。许多法则都是建立在市场的作用和反作用机制上的，它们确实有用，但只能屈于次位；交易的首要原则仍然是价值判断。

股票的购买者可分为两类：一类是根据股票走势进行交易的人，只要该股票在市场上表现活跃，他们就会考虑持有，而不去衡量其价格和价值；另一类是总试图在市场底部买入股票的人。强大的庄家会尽量操纵这两类购买者，他们有时会刺激市场以鼓励第一类人买入；有时会让市场反向调整，以此吸引第二类人。

几乎所有股票的走势都会受到大盘的影响，但从长期来看，只有价值才会对个股的价格起决定性作用。"在下跌中买入最好的股票"这一操作策略往往被事实证明是合理的。相反，"上涨时先卖出价值低的股票"却仅仅在理论上成立，实践中并不尽然。原因是，大家都希望所持有的股票能卖出不错的价格，但价格最终是由价值决定的。

华尔街字典里的"操纵股市"，指的是为了实现自身目标而迫使或游说他人购买或出售某只股票的过程。比起"迫使"，"游说"被使用的次数更为频繁。毕竟很难强迫某人按某种价格购买某样东西，除非他必须这么做。相比之下，让人们以为自己需要某物，进而引导他们去购买要容易得多。

商业的周期性难以被科学证明，但这一理论数百年来一直发挥着良好的作用。商业为什么会在数年增长后出现下滑呢？尽管还没有准确的答案，但大可相信这是事实。当拐点出现时我们总该做点什么，不管结果是好还是坏。

恐慌告诉我们，在恐惧和焦虑中价值会被漠视，优质的股票和垃圾股的表现一样糟糕。的确，当人们缺钱时往往会倾向于卖出质量较好的股票，因为这种股票更有市场，其他股票也许根本没人愿意接盘。另外，优质股可以用作抵押贷款，必要时也可被售出抵债；而质量较差的股票因为没有被挤出市场，所以只能被投资者留在手上。

一定要记住，大庄家一旦确定了操作立场，往往不能像普通交易者那样灵活地转变交易方向。即使他们想改变，也只能先坚持一段时间。重要的是，庄家是靠坚持和排除市场不利因素赚钱的，必须忽略暂时的市场条件。

只有在行情触顶或见底一段时间之后，人们才会知道股市何时涨到顶点，何时跌到最低。有时交易者会猜测股票什么时候出现最高点或者最低点，但说实话，这种猜测毫无意义。正如华尔街的名言："只有傻瓜才会希望恰好在股票价格最低时抄底，在股票价格最高时抛出。"凡是有经验的投机者都知道，没有谁能准确地做到这一点。

彼得·班尼特（Peter Bennett）曾说："牛市上没什么'消息'可言。只有即将发生破产、接管和灾难时，才能看出消息的威力，因为这些新闻一旦出现将直接导致市场暴跌。所以，现在大家都认为'没有消息就是好消息'。有时消息会保护市场，比如恐慌中声称'银行家为保护其利

益将会采取措施救市'的消息，通常会带来市场反弹，或者阻止某些强制
性立法的通过。"

当市场结束窄幅震荡时，最好设置一些止损指令。而当市场仍然处
于小幅震荡区间中，止损指令完全用不到，对其进行设置也只是无谓的
浪费。只有通过持续观察市场，才能判断其小幅震荡何时停止、未来将
走高还是走低。如果数天的交易后市场越发疲软，那么未来很可能出现
下跌局面；如果市场变得坚挺，那么未来可能会上升；如果支撑力量和
疲软同时发生，并且近乎平衡，那么就有通过短线交易获利的机会。

当大型操盘手准备对市场进行操纵时，他们要做的第一件事就是找
到相当规模的资金。他们会借入或安排借入大量资金，这笔资金通常是
由银行借给个人的，但在个人拿到借款后又往往将其变成银行的存款。
这就是为什么贷款和存款常常是联动的。也就是说，贷款和存款的大规
模膨胀说明某些利益集团借了一大笔钱，或用于处理过去的交易，或为
未来的交易而储备。

股市始终处于变动之中，其平均值总是指向股票的价值。如果股价
下跌，其惯性将始终存在，导致价格不断向下运动；价格上涨时也是如
此。因此，无论是上涨还是下跌，反作用力始终存在，市场在一段时间
后都会不可避免地出现反向回调。对于市场上的小规模投机活动，这种
规律同样会应验。例如，某只股票上涨 2 ~ 3 点后，除非该股价值突然
发生变化，或投机行为导致股票出现反常波动，否则都会出现涨幅一半
左右的回调，即出现 1 ~ 2 点的轻微下跌。在自由交易市场中，主趋势
过后通常都会跟着出现这样一个反方向的次级趋势，其幅度至少为之前

涨幅或跌幅的 3/8。

　　股市恐慌的蔓延有着清晰的演变过程。虽然非一成不变，但市场恐慌往往会延续三天左右。恐慌出现后的第二个交易日价格最低，但随后会有一波反弹，反弹幅度一般为恐慌发生后价格跌幅的一半以上。这轮反弹将在一周内达到顶点，不过有时也需要 30 多天（直到 1901 年 5 月 9 日的那场恐慌之前，还没有反弹超过 30 天）。然后，股价将缓慢下跌，其跌幅至少超出涨幅的一半。熊市里，这一跌幅甚至会超过之前的反弹幅度。根据 1873 年以来的交易记录显示，以上规律基本通用，仅遇到过两次例外。

　　经常有人说大银行家可以随意操纵股市，但事实并非如此。抛开小幅的震荡和波动来看，决定股市走向的是公众而非其他什么人。交易商可以在小范围内影响股价，银行家的影响范围更大一些，但如果没有公众的参与，市场将陷入停滞。交易商的买入和卖出带来股市价格的上涨和下跌。银行家可以操纵行情上涨，但如果公众不跟进，那么股价反而会下跌。交易商和银行家们能做的只是期望公众对他们的操作有所反应，但如果普通股民都不买账，那么他们也无从获利。

　　从长远看，真正决定股票价格的是投资者。有人曾质疑这种说法，他们指出：有的价格波动完全是由操纵者一手造成的，与价值没有任何关系。他们所说的这种波动当然存在，但在操纵过后，决定股票价格的仍然是投资者。只要投资者认定某只股票的真实价值不过如此，那么操纵者只能接受，因为对市场的操纵都是不可持续的。庄家操纵股市的目的是以低于价值的价格买入股票，并以超过价值的价格将其卖出。所有交易上的经验都证实，在人为对某只股票价格进行打压后，其价格会恢复到最能反映价值的水平，也就是购买并持有该股的投资者们所公认的价格水平。

止损指令的公开让一位交易老手对其保护投机的作用十分不屑。他说："当一个投机者向其经纪人下达止损指令时，会认为只有经纪人和自己知道这件事。经纪人一般都很忙，所以很可能将这一指令转交给特种经纪人①。对于那些活跃的股票，特种经纪人可能会在一两周内积累大量的止损指令。然后，操纵股市的利益相关方会向他们询问并得到止损方面的相关动态。如果类似的止损指令多到一定程度，操纵者可能会把他们'震出去'。这就是为何有的股票会突然大幅下跌，触发股民的止损指令，然后在人们还没反应过来时又迅速涨回来。"

股市的日常波动主要来自公众情绪的影响。在股票交易所大厅进行交易的约有 400 人左右，他们并非基于对股市未来走势的预测而进行交易，而是根据随时获得的消息和动态迅速做出反应。职业交易者十分擅长观测市场信号的改变以及对可能影响交易的因素进行解读。这些交易者的注意力往往在个别突出的点上，其交易也主要取决于这些点的发展情况。如果正在下跌的市场因某些消息或不寻常的买盘而出现价格恢复，交易者们都想买入，那么会导致反弹加速；或者当市场上有利空出现时，交易所里的人都想赶紧卖出，也会加剧下跌的速度和程度。

价值与临时出现的股价波动关系不大，但从长期来看它却是股票价

---

① 特种经纪人，又称专业经纪人，是在交易所内固定从事某种证券交易的经纪人。

格的决定性因素，而股票价值最终由投资者回报决定。总之可以断言，股票价格是由投资者决定的。操纵者在一时间似乎无所不能：一手掌握价格的升降，误导投资者，让他们接过其抛售的股票，卖掉其想吸入的股票。然而，对市场的操纵是不可持续的，投资者最终还是会发现股票的真实价值，独立地做出决定——是继续持有该股票还是卖掉。这种行为最终会形成不受投机影响的股票价格。内部人士也很清楚某只股票的真实价值，如果价格过低，他们也会买入。因此，稳定的股价意味着内部人士认为该股票价格处于合理的水平。

利用小道消息进行股市投机是件非常危险的事情。下面这封信中所讲的"首相和股票交易所"的故事，就很好地说明了这一点。

先生，请允许我给你讲讲我家的传奇故事。我的祖父是城里人，当过国会议员，拥护乔治·格伦威尔（George Grenville）为首的执政党。当时政治家经常会向市民咨询一些关于伦敦市的政务，有一次说起"能否凭内幕消息获得巨额利润"，格伦威尔大人问我祖父："那些由此获利的故事是真的吗？"我的祖父回答："我自己不炒股，也缺乏政治权威，但如果首相有兴趣的话，您可以去验证一下。"格伦威尔大人说："作为首相，我会把我所得到的最新消息第一时间告诉你。你去股票交易所试试咱们的财运吧。"

到了年底，首相和我祖父又见面了。通过研究我祖父的账户交易记录，他们发现，如果真按照首相大人提供的信息进行大规模交易，他们会赔得一干二净。

　　滑铁卢开战的消息可不是政府告诉罗斯柴尔德的，而是罗斯柴尔德
告诉政府的。

　　在我看来，像我祖父那样前程似锦的人，一定对自己按照别人的建
议进行交易却得到非常糟糕的结果而感到耻辱。他自己事后的描述也证
实了这一点，他说："我整个上午都心神不宁，直到拿到晚报看到上面登
载的是编辑获得的消息，而非投机者的独家信息。"

　　如果股民能认清一个事实，并将其牢记，那么他们在华尔街投机的
成功率就会大大提高。这个事实就是：华尔街并不希望专门向股民出售
毫无价值的股票，但其任务就是通过向公众卖股票以筹集资金，有时股
票很好卖，有时却根本卖不动。公众应该谨记，华尔街的任何股市操纵
都只有一个目的，就是把股票换成现金。华尔街一旦把股票卖给公众，
就不会再将其收回了。

　　杰伊·古尔德曾说，成功投机的首要条件就是耐心。交易者会发现，
很多频繁且不必要的损失都是因为自己没有耐心所造成的。市场不会突
然发生重大波动。从狭义角度看，市场似乎总处于操纵之下，但从广义
上说，决定且影响市场的永远是很多条件的综合作用。在这些条件中，
股价就像一条散兵线，反映过去的同时也指明了未来。股价一旦过高就
会出现回落，当形势明朗后，又会出现一段时间的回升，潮起潮落后则
是一段平流期。我们很难确定地说情况是变好了还是变坏了，有时一些
股价发生了变化而另一些却不变，因此没办法确认股价是否处于均衡。
这也促使股票市场发生相应变化，当市场形势不佳时股价会下跌，情况

好转后股价即恢复上升。尽管市场十分活跃、总体变化也十分显著，但在此期间交易者仅能获得小额收益。

爱迪生·柯马克（Addison Cammack）在他那个年代是一位了不起的空头。他信奉拿破仑的格言"上帝站在拥有强大炮火的那一边"。所以，他在做空市场后往往乘胜追击，以强势压垮交易对手。这就产生一个问题：不断抛出股票，他人是否愿意或者有能力买进吗？对此他的做法是，如果不凑巧，多方的"炮火"多于空方，在其掌握主动权下市场将继续上升，那么柯马克会选择迅速撤退。这就是强大睿智的做空者与愚蠢弱小的做空者之间的区别：前者会进行试探性操作，如果发现判断有误，便会立即收手以保存实力。总会有他们上场的一天，到时候就轮到多方垂头丧气了。而缺乏经验的空头却不知怎样逃离危险，在没有机会的情况下仍贸然行事。这种操作方式让爱迪生·柯马克被誉为最危险的空头并扬名于股市，而众多试图做空的年轻人却始终难成大器。

有人问查尔斯·道："您曾说交易 10 股股票需要 1000 美元的保证金，但对于大多数市场上的股票，1000 美元足以全额购入 10 股甚至 20 股股票。对此您能解释一下吗？保证金的金额是否应该由所购股票的性质和价值而定呢？"

道回答："很多人认为，1000 美元足以用作交易 100 股股票的保证金，没有比这更误导投机者的了。如果某人以 10% 的保证金率买入 100 股股票，那么他将无法在股市下跌时买入更多的股票来摊薄成本，而且最微小的损失都会迅速耗光他的资本。如你所说，用 1000 美元的确可以直接买入 10 股股票，但假设其首次买入是建立在价值估计的基础上，只要他对该股票的价值判断没有错，就有必要继续买入第二批甚至第三批股票，这时保证金就可以发挥杠杆作用。有能力摊薄成本是最终获利的重要保证。另外，过度交易简直是对投机者的诅咒，如果一个投机者明白这 1000 美元保证金与 10 股股票之间的关系，他将自然而然地远离过度交易，并更容易在市场上获得成功。保证金的数量不应只考虑到首次交易，还应该为后续交易留有余地，确保未来交易者抓住可能出现的机会。这些仅在保证金较为充裕的情况下才能实现。"

人们总是倾向于认为现状将长时间持续下去。当市场低迷萧条时，很难让人们相信这将是市场活跃上涨的前奏。当股价上升、经济繁荣时，人们又会说，尽管之前的繁荣都没有持续，但现在的盛况与此前不可同日而语，因而必能持续下去。其实，惟一不变的只有变化本身。从交易的周期性可知，市场总是不断地在供求定律作用下进行着调整。一段萧条时期过后，如果某零售商人发现商品价格很便宜，就会增加自己的采购量，致使批发商业务增加，进而刺激了工厂的产量增加；工厂随之雇用了更多的劳动力，劳动力对工业制造品和农产品的需求也进而增加，零售商也因此获益，循环结束。在这一循环过程中，每一个环节都出现了价格上涨，进而提升消费，提升经济水平。乘数效应在其中发挥作用，需求源源不断，工厂产量大幅提升，交通运输繁荣，产生了更多的资本盈余并最终用于华尔街投资。然而，在萧条周期内，以上情况正好相反。衰退像一把火一样蔓延到交易的各个环节。经验证明，经济循环周期一般为五年，即一个库存为零的国家会用五年时间达到库存积压的状态，然后市场再用五年时间去消耗这些库存。股市并非经济周期产生的原因，而是对其做出相应的反应。不过这种反应也是打了折扣的，股价下跌往往会预示着商品价格的下跌，因为行情操纵者正是由于预见到商品价格的波动才对股票进行抛售。

丹尼尔·凯洛格（Daniel Kellogg）曾说："无论是哲学、金融学或者其他学科都不得不承认，人类总是存在弱点。比起真实的事物，他们更倾向于相信自己愿意相信的东西。比起冷静地思考，大众更容易得出一些感性的判断。很少有人能完全依据事实——哪怕是表面现象——得出不带有自身感情色彩的结论。这种弱点的必然结果就是，很少有人愿意费力研究金融投资，或是从一般的共性中推测出个体的情况。在股票交易中，公众的行为往往被朦胧却显眼的现象所左右，而非依据详细和真实的情况做出判断。在世俗看来，没有任何人类活动能比金融界更需要准确均衡的思维了。一个持有债券的人，知道它的留置权是什么吗？如果他对成为某公司的股东感兴趣，那么他是否仔细研究过该公司的年报，是否了解其分红方式的好处，以及是否知道各项经营费用和折旧的真正意义呢？在近代金融史上有一个重要案例，其意义在于教育人们在处理金融相关事务时务必进行严格审查。这个案例主要是讲芝加哥—密尔沃基—圣保罗铁路的债券持有人由于对其自身权益认识不够，而丧失了非常有价值的权利。直到他们要以票面价值接受付款时才意识到，他们原本可以在几周前将这些债券转为价值翻倍的优先股。该债券对其转为优先股的时间和方式都有过详细而朴素的声明，但其持有者却根本没有理解，接受过金融培训的员工也对此疏忽大意。据说，某位身处交易关键位置、位高权重的人也承认，这一关于优先股转换的完整声明基本决定了此次北太平洋股票控制权的结果，而他在发现那项声明中还有自己未曾留意过的条款时也倍感震惊。"

一位作者写道："我持有的艾奇逊铁路和密苏里太平洋股票铁路股票已经获得了几个点的盈利，但我每天只能看一次市场行情，所以非常担心盈利在我没注意的时候丢失。同时我还希望能通过继续持有获得更多的利润。我该怎么做呢？"

在这种情况下，最好为股票设置止损指令，止损点不妨定在上次最高价以下2个点的位置。例如，密苏里太平洋股票最高曾达到117.5点，那就告诉你的经纪人在股票降到115.5点的时候将其卖掉。如果该股票涨到118.5点，那就把止损点提升至116.5点的水平。按照这个方法，直到止损指令被触发，或者你已经获得了满意的收益。对于身在外地的交易者，在已经获得盈利的基础上，这是最佳的交易方式。在多头操纵行情下，股价往往会不断飙升，回落也不超过2个点。有些操作者会认为，2.5个点的止损区间更为安全，因为高点下2个点的止损线很容易被触发，导致利润泡汤。然而，在很多情况下，如果某股票出现2个点下跌，很有可能再继续下滑。牛市的操作者往往希望看到1个点左右的回跌，以验证公众是否在跟随他进行交易。但他不会希望看到幅度更大的回跌，否则会影响之前营造出的市场热情。他需要保持公众的兴趣高涨，使其愿意吸入他抛出的股票。而公众热情只有在市场规模足够大、运行态势平稳、价格不断上扬的情况下才能被激发，这就是为什么我们需要把止损点设置在最高点以下2个点的位置。只要多头行情还在延续，一旦出现1个点的下跌，公众就一定会热情地买入。通常股价上涨10点后还会在高位保持一段时间。囤积股票和将其售出都需要时间，在此过程中，操纵者必须让价格保持坚挺，同时营造出继续上扬的态势。一个希望借上涨时机卖出 10 000 股的操作者必须先在高位买入，这样才便于卖出。他的目标是每买入 1000 股的同时能卖出 1200 ～ 1400 股，直到将其所有股票出售。多头市场的跟随者有个好处，他们可以发现操作迹象并推断出卖出股票的最佳时机。如果不幸错过了，起码还有止损指令可以保护交易。尽管其执行会减掉 2 个点的利润，但在此之前，如果按照上述操作，他已经拿到了超过 2 个点的利润；如果之前没有设置止损指令，仅凭自己判断寻找卖出时机，那么他将很难获得这样的利润。

许多操盘手都相信市场停滞后将出现下跌。他们认为这种情况的反复出现已经说明了其规律性。然而，市场在停滞前后的变化主要取决于目前股市正处于牛市还是熊市。如果是牛市，停滞过后往往会上涨；如果是熊市则会下跌。鉴于熊市一般会比牛市延续更长时间，因此停滞后市场出现下跌的可能性更大一些。虽然也存在例外，但一般情况是这样。牛市中，停滞后往往出现上涨的原因是，牛市代表了价值指数的上升。尽管市场停滞不前，但价值持续升高，机构和个人显然会注意到股票价值超过了其价格，即价格仍有上涨的空间。而熊市中，市场停滞后价格会下跌的原理正好相反。价格下跌是因为价值下跌，而市场停滞为价值缩水后的价格下跌留出了空间。股市之所以会停滞，要么是受一些特定事件的影响，要么是其正在被操纵。对于前者，启动原因显而易见；而对于后者，行情重启往往是因为股票操纵者在观察市场后发现推动价格对其有好处。操纵者会审视市场持股状况，了解交易者的头寸情况，如

他们是否持有数只股票、是否愿意交易、利润是否可观以及专业投机者
手中是否还有大量股票买卖订单等，操纵者重启行情之前，这些问题都
必须想清楚。公众经常会跟随他们，有时公众受益，有时操纵者受益。
不过，这些都只不过是价格总趋势中的插曲。总体来看，价格还是与价
值保持一致，而价值会随着企业营收的变化而变化。我们要始终把市场
中的短期波动和主趋势放在一起考虑。

公众的错误在于，往往只关注价格而不是价值。稳定是个股价值上
涨的前提，如果企业发展不足则会削弱营收的增长，如果谁知道这一点，
就应该在该股与其他股票一起下跌时买入，然后持有至其价格回复到与
其价值相当的水平。这就是选股的艺术，同时也是理性交易与纯粹投机
的区别。

任何人都能猜测某只股票会上涨还是下跌，但也仅仅是猜测而
已——以此进行交易无疑会亏损。明智的交易者则是先研究股市环境，
理智地认识到市场有涨有跌。如果大环境在改善，那就看个股的情况是
否也处于同样的改善之中。它的价值有所提升吗？如果答案是肯定的，
则参照其价值水平确定股票的当前价格是高还是低。如果现价低于价值，
交易者即可买入这只股票并等待，股价没有上涨也不要灰心。价值提升
的越多，股价上涨的可能性也就越大。如果股价进入上涨区间，不要在
刚出现两三点利润时就开始担心股价下降，而是要考虑上涨后该股票的
价格是否仍然便宜。如果其股价在上涨后仍然低于价值，那么应大胆买
入更多股票，而不是感觉上涨要到头了便匆匆卖掉。一直持有股票，直
到价格涨到与价值持平的水平，此时将收获颇为可观的利润。这才是大

户赚钱的方式，不是通过反复的交易，而是基于对未来价值变化的准确预期，然后大量持有该股票，直到其价格涨至价值的水平。散户不会推高股价，但如果其关于价值和价格的判断足够准确，也可以选对股票，然后等着庄家和投资者们来为他们推动股价上涨。

专家解读

　　对市场的感知绝对属于心理学范畴，因人而异，各有不同，有时甚至大相径庭。"盘感"这个东西非常神奇，常常令人难以捉摸，这有点像学英语时养成的语感。汉语博大精深，什么东西和"感"字连在一起，便平添几分神秘感。股市的盘感必须是投入市场交易后天长日久才能形成的，一般需要十年左右的时间。要知道，当你在没有形成盘感以前，赚到的很多都是侥幸钱，后面赚到的才是辛苦钱，当然，赔掉的都是学费。很多人进入股市几十年都颗粒无收，甚至赔光后离开。所以，能活下来的，有盘感的，都是已经具备一定股市生存能力的人。每一个在股市存活了十年以上，并且可以稳定获利的人都有着自己独特的交易系统。这一点是毫无疑问的，否则他就不可能稳定获利。我们光看到了巴菲特，看到了林奇，看到了索罗斯和罗杰斯的成功，但是没有看到数以千万计的失败者。作者在本章几乎给出了所有常见的市场状况，每一个小的自然段落都足以让你回想起若干自己参与过的交易。如果不细细品读，那会辜负了作者的本意。

第一，技术分析。先说"三重顶"，这是一种很经典的技术走势，双重底最为常见，三次如果不突破显然能说明很多问题。对于交易者来说，第三次快要到达前期顶部时应该卖出还是继续持股，这是一个关键问题。如果突破，那么前面的走势只不过是上山途中短暂的休息而已；如果不能突破，则形成三重顶，应该卖出。但是，在交易者的盘感尚未形成之前，正确的做法是什么呢？我认为"看不清楚时就暂时退出观望"，如果突破就追涨，如果下跌就放弃关注。

第二，卖出点。在追涨过程中，很快就会有利润，但是交易者通常不知道该何时卖出。本书的作者认为，涨不动了就卖出，而不是等到开始疲软才离开。因为，仓位小了没事，一旦仓位变大，清仓会比较麻烦。

第三，对交易者的分类。这一点作者站到了非常高的位置上，他认为第一类是投机者，第二类是投资者。作者的高屋建瓴还体现在，他知道优秀的主力会同时借用这两股力量来帮助自己操纵股价。简单来说，交易的至高境界应该是对他人心理的了解和掌控。

第四，交易者应该站在什么样的角度去理解政府对市场的管理行为。如果站在华尔街的角度思考，他们会尽可能多地用证券去换取金钱；如果站在A股市场管理者的角度去思考，当然是大量发行股票，让更多的国有资产证券化，然后将股民融资的钱用来再投资经营和管理整个国家。

第五，耐心和信心。前者是最不容易养成的，后者在极易拥有的同时也是最容易失去的。这需要交易者做哪些改变呢？我认为应该多读书、多思考、提升修为以及眼光放长远，将主要注意力集中到自身素质的提高上来，这样才能事事顺风顺水，有所收获。

　　第六，周期和人性弱点。既然周期无法避免，我们为什么不去利用它呢？既然不能准确地确定周期的时间，我们不如简单地跟随，自然就好！

　　综上所述，盘感到底是什么呢？其实，盘感是一个综合体，是对市场方方面面因素的综合考量。盘感不是一朝一夕能形成的，也不是绝对有效的。真正的交易者需要量化自己的交易，形成自己的交易系统，尽量减少使用盘感这种模棱两可的交易指标。只要认真感受市场的律动，持之以恒，那么你终将得到属于自己的圣杯！

华尔街的伟大博弈

荐股人眼中的市场是非常有趣的。作为投资向导，他们的观点总是比不上诚实的经纪人那么可靠；而且，比起交易现场，他们总是在回顾市场时才变得英明。

下面便是一位积极宣传自己的荐股人所做的关于股票投机的"研究"，读者可自行鉴别其价值。

华尔街的战争

交易所中90%交易的目的都是为了投机——对股票报价进行下注。因此，90%的价格波动都是由市场操纵引起的，而非资产价值和外部条件的改变。农产品收成的好坏与国家繁荣程度息息相关，这本应是决定股价最重要的因素之一，但华尔街的内部人士能力非凡，可以在农作物产量、收入等因素之外对市场进行操纵。大家都知道，在牛市（内部人士做多时）就算出现利空，股市仍会上涨；在熊市（内部人士做空时）

不论前景如何乐观，股价都依然向下。那些精明的财务高手事先盘算好了市场的每个"下一步"，他们自始至终控制着市场。这些人掌握着所经营股票的所有真实情况，而不仅仅是已公开的表面信息。他们知道什么时候该做多，什么时候该做空，绝不靠运气行事，他们的王牌是利用人类天性的弱点。

如果操纵者准备策划一场持续性上涨或者准备好拉升股价，那么他们将用尽一切理由来诱使公众抛售手中股票，如选举、战争、银根紧缩、农业歉收以及黄金外流等，年复一年都是这些借口，但永远有效。与此同时，内部人士尽可能在抑制股票上涨的情况下悄悄加仓。最后，一切都准备妥当，在绝大多数人都不看好市场、下跌在所难免时，甚至在之前所说的坏消息真的发生之际，牛市开始了。上升最初还很缓慢，一些股票开始上涨，剩下的保持稳定；有时还有一两只股票出现大跌，这加深了人们对市场的悲观印象。然后，龙头股开始大涨，其他股票也相继跟进。每只股票都有自己的节奏，价格上涨较缓的股票在市场上涨趋势即将结束时还会有一波行情。因此，在前半段我们不妨将注意力放在龙头股上。

正如海面上的波浪，上涨期间也会出现无数次震荡，但主趋势是涨潮，价格始终在稳步上升。每个人都对此充满热情，蹑手蹑脚的牛市开始慢慢向前行进，就连市场上最胆小的交易者都开始赚钱。最后，伴随着极度的兴奋和广为传播的乐观流言，会突然出现一大波多头行情。交易量变得如此之大，内部人士都已成功抛出手中股票。此时便是这段上涨趋势的终点。尽管报纸、评论家、通讯社和所有可利用的工具都在鼓励公众继续做多，一切都很美好，金融的地平线上也没有一丝阴云，但市场最终仍陷入了停顿，再多的利好也无法掩盖其逐渐显露的疲态。虽然有人试图推高股价，但其努力都毫无功效，市场还是逐步下滑。

一旦内部人士成功出货，其支撑市场的动力将不复存在。用不了多久就会出现迫使市场下跌的理由，然后历史将会重演。市场会分为两派：一部分人囤积股票，通过各种方式迫使投资者们以低于实际价值的价格出售所持股票；另一部分人抛售股票，用虚假信息引诱人们以高于实际价值的价格买入这些股票。

操纵者每年的策略都大同小异，仅在细节上略作改变。菜鸟们永远都学不会在看似黑暗的市场中买入股票，他们永远不会明白，牛市往往从灰烬中诞生，在光明中结束。

机构操纵

出于人类的天性，投机者们很少会在到处都是利空消息的底部买入股票。同理，当市场顶部一切都看似美好，周围的朋友还不停地说某位内部人士指点了哪些股票还能上涨 15 ~ 20 个点时，投机者很难狠心抛售股票，相反，他们一般会选择买入。庄家正是利用人们的这种心理来掌控市场。他们燃起每个人对市场前景的希望，然后开始抛出手中的股票。毫无疑问，人们炒股不是为了健康或荣耀，而是为了赚钱，赚得越多越好。他们不在乎钱从哪里来，市场总是有输有赢，最好确保自己不是赔钱的那个。

在为一次多头操纵囤积股票时，机构常用的做法是，用各种办法将股价打压到触动止损指令的边缘，然后在价格没有上涨前迅速买入，直到市场上升了 3 ～ 4 个点再进行新一轮打压。几周的震荡过后，各机构已经以不引人注意的方式囤积了足够多的股票。他们会让市场上涨 5 ～ 10 个点，卖出部分股票获利，试探市场的反应。此时股价会下跌 2 ～ 5 个点，他们则重新买入。下一轮上涨可能为 10 ～ 15 个点，操作就这样延续下去。一时间，市场上可能有多个机构在操纵不同的股票，但实际上都是按照同一种方法操作的。

开始上涨前，有时是在上涨中，有些股票的价格会出现大幅下跌，那是操纵者为了甩掉跟盘的人而故意为之。因为，若普通股民认为"这只股票反弹后肯定还会下降"，就可以在下跌中形成空头净额，推高股价的操纵也会变得简单。除了机构交易者外，许多职业操盘手也经常使用上一种操纵方法，即将其所持有的股票分为三等份，其中一份持有两三年，可接受 80 点左右的价格大幅波动；第二份在每次多头操纵的定点抛售，时间为三四个月，盈利 20 ～ 30 个点，然后在适当下跌时回购；第三份股票则在每上涨 5 ～ 10 个点时就抛出获利，然后在适当时机回购。这个方法可以根据具体情况运用到不同的市场条件中，1890 年 8 月到 1899 年 3 月，内部人士操纵市场时就使用了这一方法。有的操纵者也会将自己的股票分为四等份，而不是三等份，并将第四份全部用于投机倒卖。

当较大规模的机构准备联手做空时，通常会先保持市场强劲，接着让两三只股票的价格同时上涨，弄出些"范德比尔特看多""标准石油大幅买入"等噱头诱使公众买入股票，与此同时自己却以尽可能高的价格大肆抛售。但对于规模较小的机构和想要做空的专业个人操盘者，如果其空头操纵未能致使股票价格下跌，他们通常会选择以低价买入补仓的方式尽量减少损失。之后，他们会努力推高股价至自己能重新抛售的水平，一直持续到最后的大跌。

机构在股市中的任何重要操作都是以对某事的预测为前提的。通常该事件发生之后都会出现操纵行情的顶峰，偶尔也有顶峰先出现的情况。但当某一不确定因素非常明显，就连内部人士自己都对结果不确定时，哪怕所预测事件已成事实，波动也可能继续延续下去。

获利诀窍

人类本性中最可怕的就是自负。尤其是对于一个要参加复杂游戏的人，他想赢却不了解游戏规则，而对手却是一个擅长捣鬼的专家。

以下研究给出的建议能够帮助你增加投机成功的概率。

（1）当市场从疲软转向活跃，但仍然在下滑时，恐慌会出现，大量股票频繁换手。股价会接近谷底，不过可能出现数点的反弹。反弹过后通常会迎来二次下跌，价格会跌至之前的水平，但也会有例外。如果有迹象表明本次空头操纵已经接近尾声而非刚刚开始，那么此时购入的股票应该继续持有，等待日后的大幅上升。

（2）市场的萧条和价格的日益下跌会让每个人都变得悲观，这时如果出现3 ~ 4个点的反弹，随后某些股票又下跌了反弹幅度的1/2或者3/4，之后又一次反弹，这次反弹过后，总损失仅为反弹幅度的一半，而下一轮反弹只上涨了1个点——那么由此可以判断，内部人士或机构正在囤积股票，同时表明价格将会上涨。反之，当市场见顶时，则标明价格即将下降。

（3）如果在一次明显的价格上涨后某天出现了极大的成交量，市场气氛变得狂热，那么即使股价已经处于高位，上涨也仍会突然停止并开始回落。之后也许会伴随2 ~ 5个点的振幅，也就是说，这是一个典型的交易商市场，即双向报价市场。

（4）通过对最活跃的股票进行准确的图文记录，并努力研究，就可以从中发现内部人士的交易方式。当图表显示出某只股票价格下滑后始终在小范围震荡，而最终突破了这一范围并产生巨大的交易量，那就可以肯定内部人士或者机构一直在操纵该股票并有意推高其价格。如果你的记录显示一些龙头股呈现出上述趋势，那么基本可以肯定多头行情马上就要到来了。

（5）除了一两天的极度萧条，股市以极小的价格波动在低位徘徊数周之后，也可以判断一波多头行情将马上到来。当空头手里没有更多的股票可以抛售时，市场不再下跌而是陷入停顿，这时操纵者即认定上升即将到来。

（6）当坏消息层出不穷，所有人都对市场不看好，一切现象都在告诉人们赶紧把手里的股票抛掉时，若股价仍停留在小幅价格波动中，则可以判断这是操纵者正在囤积股票，多头行情马上会出现。

（7）成交量是一个判断股价趋势很好的指标。如果价格上升中成交量巨大，而价格一回落成交量也马上下滑，那么说明当前正处于牛市。

（8）在价格上涨的第三天买入通常较为危险，因为市场一般会向一个方向运动 2 ~ 3 天，然后要么稳定下来，要么开始转向。如果股票连续三天上涨后达到顶点，第四天一早又出现高开，那么八成会出现 1 点以上的回落。但如果上涨三天后市场出现停滞，并在随后的几天内无法确定方向，则不太可能出现回落。在这段静止期的第三天股价很可能恢复上升。如果市场处于下滑之中，其表现则与上述情况完全相反。

（9）一轮延长的牛市行情中，如果出现连续三天的强势上涨和巨大的成交量，人们的投机热情高涨，尤其被一些重大利好消息推到顶点，那么就宣告此轮多头操纵行情即将结束，至少暂时告一段落。

（10）当某只股票连续上涨超过三天，并在最后一天出现巨大的交易量，则说明本轮上涨行情即将结束。如果在一段时间股价相对静止后出现了巨大的交易量，那么往往会出现一轮连续三天的上涨行情，此时不妨买入。

（11）只有两种交易方式可以选择：要么接受小额损失，要么完全不赔钱。这里有一个古老但有效的方法：如果某只股票的表现与你的期望相反，那么尽量将损失控制在 0.5 ~ 2 个点，尤其在听取了荐股人的意见才买入该股的情况下。或者，你也可以选择在市场下行中逐步跟跌买入，当然应在事先仔细评估该股票市价是否低于其内在价格。如果你既不是小额交易者又没有足够雄厚的资本，那么最好制订一个类似的有限损失计划。还有一句老话说得好：要在别人贪婪的时候恐惧，在别人恐惧的时候贪婪。

几个 "不要"

不要在牛市中做空，或者在熊市中做多，无论你有多确信市场即将转向。

不要为了1个点的利润而去冒损失10个点的风险。如果盈利丰厚，并且确信市场趋势即将发生彻底的变化，那么不如先抛售手中的股票，然后低价补仓，但不要自己做空。

不要因为自己是多头就无视市场上的不利因素。不要总以悲观态度面对市场，从而放走身边股价上升的迹象。

不要让你的欲望左右你的判断，遇事先用头脑想一想。对市场中的所有因素都应保持警惕，注意它们给大众行为带来的影响，尤其别忘了，庄家的想法才是真正重要的。

不要在公众持股分散的时候看涨，也不要对内部人士买入了过多流动股感到悲观。

不要太在意银行每周发布的市场报告或者伦敦交易所的报价，它们通常被做了手脚，因此会产生误导。

不要听信金融类报刊或经纪人信函里的新闻或流言。内部人士往往会操纵媒体，公众很少能得知真正的内幕消息。

不要一天到晚盯着报价，除非你真的是读盘的专家，否则只会被其误导。也不要指望能从那些所谓研究自动行情收报机的行家身上学到有用的东西。

不要买入操作不便的股票，也不要幻想能赚取所有利润，更不要在盈利丰厚的情况下抠着一点小利不放。

不要和市场趋势对着干，最好顺势而为。如果你没有参与到眼下的多头操纵行情中，那么不要在上升即将结束时转而做多。如果你在下跌中仍看好市场，那么不要在牛市到来之前转成做空。

"要么马上行动，要么静观其变。"

不要只操作一只股票，为了以防万一，最好把交易分散在五六只股票上。

不要过度交易，不要让交易额超出资金允许的范围。

不要在暴涨时买入，也不要在暴跌时卖出。

交易中的两条法则

以下两条法则非常值得推荐：第一条法则用于多头或空头行情即将结束之时，直到市场出现下一个明确趋势，再转用第二条法则。

1. 把握波动

在一个交易商市场中，或者市场趋势不明朗时，活跃股票都会围绕某一中心价格持续上下波动，我们可以设网捕捉这些日常震荡中的利益。

假设以市价买入 100 股圣保罗公司的股票，之后在每次上涨或下跌 0.5 个点时都买入 100 股，注意不要在同一价位重复买入，同时将股票总数控制在 600 股以内。把每次交易都视为一轮单独操作，每出现一个点的净利润就卖出 100 股，并在股价再次波动 1 个点时重新买入。如果在某点股票同时出现可买和可卖迹象，则不要采取任何行动，权当卖出了 100 股又买入了 100 股。如果圣保罗的股票持续上涨而没有出现回落，这种情况下可以把每次交易的股数放大到 200 股。不用为暂时出现的下跌恐慌，正是这种波动才能为我们带来投机利润。请注意，如果市场大趋势为下跌，那么不要选择在临时性上涨中进行这类操作。该法则对牛市的暂时下跌也同样不适用。

2. 金字塔交易法

如果种种迹象表明即将出现上涨行情，那么应根据自身条件在低价买入若干股票，静待牛市拉开序幕，随后每出现 0.5 个点的下降都买入等额的小份股票并持续操作。即使在一个强劲的上涨行情中，下跌也可能会延续 2 ~ 3 天，坚持这样买入股票，直到股市出现一波 2 ~ 3 天的大幅拉升，同时出现巨大的成交量为止。此时就可以卖掉你手中一半的股票了，等出现至少 1 点的下跌后，每下跌 0.5 点便回购补仓。当股票恢复上涨再重复之前的操作，直到种种迹象表明牛市开始见顶为止。然后，在顶点卖出手中的所有股票，价格回落的第三天再买入适量股票，等待第二轮顶点。整个操作结束后，要么休息一段时，要么重新利用第一条法则"把握波动"，在空头市场继续操作。

如何成功

尽管内部人士年年都重复运用相同的策略，但他们还是会不断想出新手段来欺骗自己的交易对手。与其他生意一样，交易者要想在市场获得成功，除了必须精通股市的各种复杂因素外，还要紧跟市场步伐，及时了解市场动态。对形势和人的判断同样重要。如果你坚持做图表记录，那么要确保记录方法正确，并学会读懂图表。试想，一个从来没见过海的人可以指挥船在大海上航行吗？某位股市行家说"我只在其他指标都表明同一个方向时才相信图表。"交易者应每天观察日成交量，牛市和熊市都在交易量最大的那一天达到高潮。此处提到的交易量大是指与正常交易量相比，不应和市场长期萧条后某些股票上涨带动的交易量回升的情况发生混淆，同时须考虑时间和季节因素。通常一波牛市行情将持续 4 个月；另外，隆冬之中往往会出现一次较短的上涨趋势。我们非常有必要了解公众和小交易者在市场上的持股状况，牛市行情不会出现于公众大量看多之时，也不会在公众看空时结束。交易所的股票拆借费率是推测公众持股情况的一条线索，但拆借费率很容易被操作，所以更好的办法是向投机商号和股票经纪公司了解其客户的头寸情况。如果这些普通交易者都在做空，那么做多就相对安全；反之亦然。

当交易量开始增大时，股市行家会看出"有情况"，有时很容易就能判断市场的下一步动向，不需要每天都进行交易，也不要追逐微利。如果市场对你不利，应迅速止损退出，另择交易时机。如果市场正好处于对你有利的形势，那么你可以根据股票的具体情况，试着获得 5 ~ 20 个点的收益。如果能在获利 10 个点时结束交易，那么完全可以弥补之前出现那 5 次 1 个点的交易损失。另外，交易者要遵循普遍的递增 / 递减规律（每下降 0.5 个点或 1 个点时就买入，每次交易获得 1 个点利润时就卖出），前提是该股市价低于其本身价值。当然，还要确保账户里有充足的保证金，尽管这会让你的投资回报率看起来比较低。

华尔街语录

以下是一些华尔街广为人知的格言。

- 道听途说往往滋生谎言。

- 沉默是金。

- 保持理智。

- 见好就收。

- 没有常胜将军。

- 初败的经验难能可贵。

- 并非所有人都会成功。

- 不要小看运气。

- 有时好运会自己敲门。

- 人往往会得到很多没用的建议。

- 真理不辩自明。

- 自然的决定总是最好的。

- 三思而后行。

- 心存疑虑时不妨静观其变。

- 损失往往会接二连三。

- 市场是健忘的。

- 言语的巨人往往是行动的矮子。

- 学会及时止损。

- 信息之间暗藏着金钱。

- 不冒险就一无所获。

- 长吁短叹于事无补。

- 失败让人更谨慎。

- 积少成多。

- 有时市场有惊无险。

- 没有智慧的时候要靠运气。

- 止损纵利。

- 人要从失败中吸取教训。

- 成王败寇。

- 好买不愁卖。

- 莽撞的人将一事无成。

- 定局之前不妨多问。

- 失去的钱最珍贵。

- 人皆事后诸葛。

- 捡便宜前须三思。

- 别买还没下的蛋。

- 谨防溢美之辞。

- 慷慨带来朋友。

- 新事物总是看上去很美。

- 疏忽即损失。

- 股市极度疲软时应该买入。

- 被套的老手比新手多。

- 留得青山在，不怕没柴烧。

- 有时运气比智慧更重要。

- 流言中往往藏着骗局。

- 不要把所有的鸡蛋都放在一个篮子里。

- 丢卒保车（以小损失换取大利润）。

- 入市须谨慎。

- 小亏损经常会带来大收入。

- 灵感的背后是汗水。

- 观壳便知其核。

- 广开视听，不要轻信。

- 投机始于不确定。

- 富人投机时出手很快。

- 低买高卖出行情。

- 延误意味着危险。

- 只做稳健的投资。

- 失之东隅，收之桑榆。

- 想太多未必是好事。

- 错觉会毁掉被它蒙蔽的人。

- 从其座右铭可见人心。

- 小损失让人害怕，大损失让人听话。

- 历史总会重现。

- 想吃鸡蛋就别嫌鸡吵。

- 好东西往往更便宜。

- 慷慨不是给得多，而是给得好。

- 信息先得比后得好。

- 干一行，爱一行。

- 智慧能给财富增色，给贫穷遮羞。

- 什么都挡不住金钱的力量。

- 弱市蕴含着买入良机。

- 满足富人的要求，会给你带来回报。

- 智慧比财富更让人体面。

- 伟人抱定目标，凡人只有心愿。

- 大智慧不如小幸运。

- 凡事预则立，不预则废。

- 在恐慌时期，纵使有10%的利润空间又有什么用呢？

- 财富让人难辨友敌。

- 有时输钱只能怪自己。

- 焦虑可杀人。

- 轻巧的话语和坚实的理由可以俘获投资者的心。

- 始终看好自己的全部家当。

- 有些人并没有看上去那么有钱。

- 越无信的人越爱宣誓。

- 容易赚的钱也容易赔。

- 不理性终会受到惩罚。

- 夸夸其谈的人只是在用废话掩盖其愚蠢。

- 做最坏的打算，会得到最好的结果。

- 意外通常会帮助那些谨慎的人。

- 借钱不打欠条是给自己树敌。

- 只有曾经成功过的建议才值得被他人实践。

- 寻找机会，更要善于创造机会。

- 动起来才能引人注意。

- 别处置不是自己的东西，否则后果很严重。

- 只对活跃股票进行交易。

- 总有人宁愿瞎猜也不愿意学习。

- 有真才实学的人，无需旁门左道。

- 传言往往夸大人的财富。

- 有能力的人可以把握机会并果断做出决策。

- 牛市之后的起伏预示着下跌。

- 如果市场处于高位或已现出现下跌趋势，那么抓住机会反弹清
  仓吧！

- 没有负债就是富裕，拥有健康才更年轻。

- 同时拥有钱和"内部消息"注定是悲剧。

- 坚持能改变恶劣形势。

- 没播种就别幻想收获。

- 闭市时疲软无力的价格第二天早上就会反弹。

- 不拘小节，终误大事。

- 合理投资处于低价却呈现出上涨趋势的股票。

- 英明的领导会顺势而为，而非逆市而行。

- 了解市场形势就能迅速发现症结所在。

- 终日上涨后强势收盘，接下来往往是下跌。

- 用理智的判断保存实力，用通晓的信息保存资源。

- 哀叹自己不幸的人通常意识不到他的机会。

- 一个人失去金钱就已经失去很多，失去朋友的损失大过于失去金钱，而失去精神就等于失去了一切。

- 如果市场有利于你，那么抓住它，直到风向转变。

- 如果股价和人们的情绪一起高涨，那么卖光你的股票吧！

- 如果一个人在 20 岁什么都不理解，30 岁什么都不懂，40 岁什么都没有，那么他只会有一个惨淡的晚年。

- 买入的时候如果市场上涨，那么跟住它；一旦开始遇挫，最好赶紧收利离开市场。

- 停止上涨的股票如果变得无章可循并出现疲软，那么下一步往往会下跌。

- 在活跃的市场中，上涨或下跌通常会持续 3 ~ 4 天，涨跌乏力之时恰恰是反向操作获利的良机。

《股市投机原理（专业解读版）》
编读互动信息卡

亲爱的读者：

感谢您购买本书。只要您以以下三种方式之一成为普华公司的**会员**，即可免费获得普华每月新书信息快递，在线订购图书或向我们邮购图书时可获得免付图书邮寄费的优惠：①详细填写本卡并以**传真（复印有效）或邮寄**返回给我们；②登录普华公司**官网注册成普华会员**；③关注微博：@普华文化（新浪微博）。会员单笔定购金额满300元，可免费获赠普华当月新书一本。

哪些因素促使您购买本书（可多选）
○本书摆放在书店显著位置　　　　○封面推荐　　　　　○书名
○作者及出版社　　　　　　　　　○封面设计及版式　　○媒体书评
○前言　　　　　　　　　　　　　○内容　　　　　　　○价格
○其他（　　　　　　　　　　　　　　　　　　　　　　　　　）

您最近三个月购买的其他经济管理类图书有
1.《　　　　　　　　　》　　　　2.《　　　　　　　　　》
3.《　　　　　　　　　》　　　　4.《　　　　　　　　　》

您还希望我们提供的服务有
1.作者讲座或培训　　　　　　　　2.附赠光盘
3.新书信息　　　　　　　　　　　4.其他（　　　　　　）

请附阁下资料，便于我们向您提供图书信息
姓　　名　　　　　　　联系电话　　　　　　　职　　务
电子邮箱　　　　　　　工作单位
地　　址

地　　　址：北京市丰台区成寿寺路11号邮电出版大厦1108室
　　　　　　北京普华文化发展有限公司(100164)
传　　　真：010-81055644
读者热线：010-81055656
编辑邮箱：fuweiwei@puhuabook.cn
投稿邮箱：puhua111@126.com，或请登录普华官网"作者投稿专区"。
投稿热线：010-81055633
购书电话：010-81055656
媒体及活动联系电话：010-81055656　　　邮件地址：hanjuan@puhuabook.cn
普华官网：http://www.puhuabook.cn
博　　　客：http://blog.sina.com.cn/u/1812635437
新浪微博：@普华文化（关注微博，免费订阅普华每月新书信息速递）